Du chaos
à l'harmonie

La solution à la crise mondiale
selon la sagesse de la Kabbale

Titre original : *From Chaos to Harmony, The Solution to the Global Crisis According to the Wisdom of Kabbalah*

© Laitman Kabbalah Publishers, 2006

Traduit de l'anglais par Noga Burnot
Révisé et relu par Martin Coursol
Mis en page par Grégoire Renaud

ISBN 978-1-77228-001-2
www.kabbalah.info/fr
info@kabbalahbooks.info

Dépôt légal : Mai 2015

Michaël Laitman

Du chaos
à l'harmonie

La solution à la crise mondiale
selon la sagesse de la Kabbale

Laitman Kabbalah Publishers

Sommaire

AU SUJET DE L'AUTEUR

Le Kabbaliste Michaël Laitman est titulaire d'un doctorat de philosophie et Kabbale délivré par le Haut Institut de philosophie de l'Académie des sciences de Moscou et d'une maîtrise en biocybernétique de la Faculté de biologie et cybernétique de l'Institut des sciences de l'Université de Saint-Pétersbourg.

En plus d'être un scientifique et un chercheur, le Dr Laitman étudie la Kabbale depuis plus de trente ans. Il a publié plus de trente livres de Kabbale et de nombreux essais académiques, traduits dans plus de dix langues.

Le Dr Laitman fut l'étudiant et l'assistant personnel du Rabbin Baruch Shalom HaLevi Ashlag (le Rabash), le fils aîné du Rabbin Yéhouda Leib HaLevi Ashlag, dit le Baal HaSoulam, auteur du commentaire du *Zohar*. Pendant douze ans, Rav Laitman a étudié avec assiduité avec le Rabash, qui lui transmit l'enseignement du Baal HaSoulam.

Le Baal Hasoulam est considéré comme le successeur du Ari, l'auteur de *L'Arbre de Vie*. Yéhouda Ashlag a ouvert la voie à une génération désireuse d'étudier la Kabbale : la nôtre. Grâce à sa méthodologie, tout un chacun peut accéder à la connaissance (des sources authentiques) de la Kabbale, héritage laissé par les anciens kabbalistes.

Le Rav Laitman suit les pas de son mentor dans sa mission : promouvoir la diffusion de la sagesse de la Kabbale dans le monde entier. En 1991, après le décès du Rabash, il fonda Bnei Baruch, un groupe d'étudiants de la Kabbale qui apprend, enseigne et met en œuvre quotidiennement les enseignements du Baal HaSoulam et de son fils Baruch.

Au fil du temps, Bnei Baruch est devenu un grand mouvement international avec des centaines de membres en Israël et dans le monde entier. Les cours du Rav Laitman sont diffusés quotidiennement en direct par satellite et sur la télévision câblée israélienne et américaine, de même que sur Internet (www.kab.tv).

De plus, Michaël Laitman est le fondateur et président de l'Institut de recherche Ashlag (ARI) dont l'objectif est d'encourager un dialogue ouvert entre la Kabbale et la science. Ses nombreuses activités éducatives ont été récompensées par l'octroi du titre de Professeur d'ontologie de l'Académie russe des sciences de Moscou. Ces dernières années, le Rav Laitman participe avec d'éminents scientifiques à des recherches sur la Kabbale et la science moderne.

Lorsqu'il est interrogé sur la compatibilité entre la Kabbale et la science dans sa vie, il répond : « Après mon baccalauréat, je suis parti en quête d'une profession qui me permettrait de rechercher le sens de la vie. Je pressentais que l'étude de la nature d'un point de vue scientifique m'aiderait à trouver la réponse. C'est ainsi que j'ai commencé à étudier la biocybernétique, un domaine de recherche qui analyse les systèmes de la vie et l'ordre régissant leur existence. J'espérais qu'en étudiant le mode de vie, je trouverais éventuellement le but de la vie. C'est une question qui se réveille dans le cœur de tous les jeunes, mais qui s'estompe avec la routine de notre vie quotidienne.

À la fin de mes études, j'ai commencé à travailler à l'Institut de recherche d'hématologie de Leningrad. Étudiant, j'étais déjà fasciné par la structure d'une cellule organique vivante et comment chaque cellule était intégrée harmonieusement à tout le corps. Il est fréquent lors de recherches sur la structure même de la cellule et de ses différentes fonctions de se poser des questions sur le sens de la vie, ainsi que sur l'action de la cellule dans l'organisme. Cependant, je n'ai pas trouvé de réponse à mes questions sur le sens de la vie de l'organisme.

Je supposais que le corps, comme chaque cellule le composant, faisait partie d'un plus vaste système. Cependant, mes tentatives d'étudier cette hypothèse ont échoué les unes après les autres. On m'a dit que la science ne traitait pas ces questions.

Tout ceci se passait dans les années 1970 en Russie. Déçu, je décidai de quitter la Russie le plus vite possible. J'avais l'espoir de pouvoir continuer cette quête que je chérissais en Israël. C'est la raison pour laquelle je suis arrivé en Israël en 1974, après m'être vu refuser le droit d'immigrer en Israël durant quatre ans. Hélas, il se trouve que là aussi on ne me permit d'approfondir mes recherches qu'à un niveau limité, celui d'une cellule.

Je réalisais que je devais chercher un autre endroit pour apprendre l'intégralité du système de la réalité. Je me suis donc tourné vers la philosophie, puis la religion, mais aucune ne m'apporta de réponse. Ce n'est qu'après de nombreuses années de recherches que j'ai trouvé mon professeur. C'était le grand kabbaliste, le Rav Baruch Shalom HaLevi Ashlag (dit le Rabash).

J'ai passé les douze années qui suivirent à ses côtés, de 1979 à 1991. Il est selon moi « le dernier des Mohicans », le dernier à avoir appartenu à cette grande dynastie de kabbalistes qui s'est étendue sur plus d'une génération. J'étais en permanence à ses côtés ; il m'a encouragé à écrire mes trois premiers livres en 1983, et après son décès, j'ai commencé à développer et à diffuser l'enseignement qu'il m'a transmis. Je considérais ce travail à l'époque, et encore de nos jours, comme le prolongement direct du chemin emprunté par le Rabash, ainsi que la réalisation de sa vision ».

LA STRUCTURE DU LIVRE

Ce livre est basé sur des essais et des cours donnés par le Rav Michaël Laitman. Il a été rédigé par les membres de l'équipe de l'Institut de recherche Ashlag (ARI). La première partie, « Du chaos à l'harmonie », se concentre sur l'être humain. Elle explique la racine de chaque crise et la situation embarrassante dans laquelle nous vivons, mais aussi la façon dont nous pouvons en sortir. La seconde partie est consacrée à l'avenir de l'État d'Israël et de l'humanité.

AVANT-PROPOS

Ce n'est un secret de polichinelle pour personne, l'humanité traverse une crise profonde. Beaucoup d'entre nous le ressentent déjà. Un manque de sens, des frustrations et une sensation de vide remplissent nos vies. Les crises familiales, les dysfonctionnements du système éducatif, la consommation de drogue, le sentiment d'insécurité, la peur d'une guerre nucléaire et les menaces écologiques assombrissent notre joie de vivre. Il semble que nous ayons perdu le contrôle de nos vies et que nous soyons incapables de résoudre les problèmes lorsqu'ils se présentent.

Nous savons pertinemment qu'établir le bon diagnostic d'une maladie équivaut à sa demi-guérison. Cependant, pour résoudre nos problèmes, nous devons d'abord en comprendre les causes. Le meilleur point de départ est de comprendre la nature humaine et la nature du monde. Si nous parvenons à comprendre notre propre nature et les lois qui nous régissent, nous saurons quelle direction prendre et ce qu'il faut faire pour arrêter le malaise que nous vivons.

Lorsque nous observons la nature environnante, nous découvrons que les niveaux inanimé, végétal et animal de la Nature sont tous régis par des instincts inhérents. Les actions ne sont pas considérées comme bonnes ou mauvaises ; elles suivent tout simplement les lois qui les gouvernent, en harmonie avec la Nature et les unes avec les autres.

Toutefois, si nous observons la nature humaine, nous verrons qu'elle est vraiment différente du reste de la Nature. L'homme est la seule créature qui éprouve du plaisir lorsqu'il exploite et règne sur autrui. Seul l'homme ressent du plaisir en se sentant unique, différent et supérieur aux autres. C'est pourquoi l'égoïsme humain entrave l'équilibre naturel.

Le désir de recevoir du plaisir évolue en nous avec le temps, il suit la croissance des désirs humains. Il se manifeste d'abord dans des désirs simples, tels la nourriture, le besoin de s'accoupler et d'avoir une vie familiale. Puis, apparaissent des désirs plus développés, telle l'aspiration à l'argent, aux honneurs, au pouvoir. L'accès à la connaissance marque l'évolution de la société humaine et de ses structures sociales : l'éducation, la culture, la science et la technologie. L'humanité avance fièrement en pensant que le progrès et la croissance économique lui apporteront satisfaction et la rendra plus heureuse. Hélas, de nos jours, nous commençons à réaliser que cette évolution « prolongée » est parvenue à une impasse.

La cause provient de l'impossibilité d'atteindre une satisfaction permanente dans notre quête de plaisirs. Nous avons tous à un moment donné convoité quelque chose, et parfois même pendant des années.

Cependant, une fois l'objet de nos désirs acquis, le plaisir s'éteint progressivement, puis le vide réapparaît. Nous repartons donc à la recherche de nouveaux objectifs avec l'espoir d'en tirer satisfaction. Ce processus se produit aussi bien au niveau individuel que collectif.

De nos jours, nous avons acquis des centaines d'années d'expérience ; or, nous réalisons que nous ne savons toujours pas comment parvenir à un bonheur durable, ni même à un minimum de sécurité intérieure. Nous sommes désorientés. Ce phénomène est à la base des crises et des problèmes qui nous assaillent.

Qui plus est, la prédilection humaine égoïste et naturelle d'aspirer à des plaisirs à des fins personnelles, et ce aux dépens des autres, s'est accrue au fil du temps. Actuellement, les gens essaient de construire leur succès sur la faiblesse de leur prochain. L'intolérance, l'asservissement et la haine ont atteint de nouveaux sommets si terrifiants qu'ils mettent en danger l'existence de l'espèce humaine.

En observant la nature, nous voyons que toute créature vivante est conçue pour suivre le principe de l'altruisme : prendre soin de son prochain. C'est un principe fondamentalement différent de celui qui motive les êtres humains.

Les cellules de l'organisme sont unies, réciproquement dévouées à la bonne santé de tout le corps. Chaque cellule du corps reçoit ce dont elle a besoin pour vivre et le reste de son énergie est donné au reste du corps. À tous les niveaux de la Nature, l'individu travaille pour la collectivité, dans laquelle il trouve sa plénitude. Si le corps ne fonctionnait pas de façon altruiste, il ne pourrait pas survivre. En fait, la vie elle-même ne pourrait pas continuer.

De nos jours, après de nombreuses recherches effectuées dans différents domaines, la science est parvenue à la conclusion que l'humanité est également un seul corps. Le problème est que nous, les humains, n'en sommes pas encore conscients. Nous devons donc nous réveiller et comprendre que les problèmes qui obscurcissent notre vie actuelle ne sont pas une coïncidence. Nous ne pouvons pas les résoudre en nous servant des moyens connus. Les problèmes ne cesseront pas, mais empireront tant que nous ne changerons pas de direction. Nous devons nous comporter en suivant la loi globale de la Nature : la loi de l'altruisme.

Chaque événement négatif dans nos vies, du plus petit au plus grand, provient du non-respect de la loi de la Nature. Nous savons qu'en sautant dans le vide nous nous blesserons, car nous sommes allés à l'encontre de la loi de la gravité. C'est pourquoi de nos jours nous devons faire une pause et examiner dans quelle mesure nous entravons la loi de la Nature. Nous sommes tenus de trouver une meilleure façon de vivre. Tout dépend de notre prise de conscience : plus nous comprendrons le système de la Nature, moins nous souffrirons, et plus nous nous développerons rapidement.

Au niveau animal, l'altruisme est la loi de la vie. Cependant, au niveau humain, nous devons construire ce genre de relations. La Nature nous a donné la possibilité de nous élever vers un degré d'existence plus noble. Telle est la différence essentielle entre l'homme et les autres créatures.

Dans ce livre, nous verrons comment établir des relations altruistes, tout en sachant qu'il est difficile de changer la Nature humaine. Nous avons été créés égoïstes et nous ne pouvons pas aller à l'encontre de notre ego, car il est notre Nature. « L'astuce » est donc de trouver une méthode qui peut pousser notre nature égoïste à vouloir changer son attitude envers les autres, à se relier les uns aux autres comme les parties d'un même corps.

Ce n'est pas un hasard si la Nature nous a créés en tant qu'entité sociale. Si nous examinons attentivement notre comportement, nous voyons que chaque action entreprise l'est en vue de recevoir une reconnaissance de la société. C'est ce qui nous permet de vivre, et son absence – et pis encore une condamnation de la part de la société – engendre les plus grandes souffrances.

Pour une personne, rien n'est plus terrible que de se sentir honteuse. C'est la raison pour laquelle nous tendons à nous conformer aux valeurs prônées par la société. Ainsi, si nous parvenons à changer les valeurs de l'environnement dans lequel nous vivons en proposant des valeurs altruistes telles que prêter attention à autrui, le partage et la solidarité, qui seront les valeurs de référence, alors nous pourrons changer nos comportements envers notre prochain.

Si la société reconnaît une personne exclusivement en se basant sur sa contribution, nous serons tous nécessairement poussés à penser et à agir pour le bien de la société. Si nous supprimions les récompenses remises pour excellence individuelle et que nous appréciions les gens uniquement pour leur intérêt envers la société, si les enfants jugeaient leurs parents avec ces standards, si les amis, proches et collègues, nous voyaient uniquement selon notre attitude envers autrui, alors nous voudrions tous faire le bien d'autrui, et ainsi gagner le respect de la société.

Nous serons amenés à ressentir que l'altruisme ou l'abnégation vis-à-vis d'autrui est une valeur unique et sublime en elle-même, et ce, indépendamment de l'identification sociale qu'elle accorde. En agissant de la sorte, nous verrons que cette attitude est, en fait, une source de plaisir parfait et illimité.

Bien que de nos jours la société soit égoïste, elle est prête à suivre la loi altruiste de la Nature. L'éducation et la culture se sont toujours fondées sur les principes de l'altruisme. Nous apprenons à nos enfants, à la maison et à l'école, à être compatissants, gentils et aimables. Nous souhaitons que nos enfants soient bienveillants envers les autres, car nous avons l'intuition qu'une telle attitude est bonne, et qu'elle protège ceux qui la suivent. Personne ou presque ne s'oppose à ces valeurs.

De plus, grâce au progrès des communications, nous pouvons diffuser très rapidement de nouveaux messages et des valeurs dans le monde entier. Ce point est essentiel pour que l'humanité prenne conscience de la crise grandissante et de la nécessité d'en arriver à une solution globale.

Certes, nos problèmes actuels peuvent nous aider à changer rapidement. Cependant, il convient de découvrir qu'il existe autre chose. La personne qui adopte la bonne attitude à l'égard d'autrui accède progressivement à une existence d'un autre niveau, supérieur à tout ce qu'elle a connu jusqu'à présent. C'est une forme d'existence plus élevée, une conscience de la plénitude de la Nature et de sa perfection.

Maintenant, après plusieurs générations, nous avons accumulé suffisamment d'expérience pour comprendre où la loi d'évolution de la Nature veut nous conduire.

L'image que nous allons progressivement présenter au lecteur se fonde sur les principes de l'ancienne sagesse de la Kabbale, avec en parallèle les dernières découvertes scientifiques. Ce livre est destiné à nous enseigner comment résoudre la crise et tracer la voie de la prospérité et du succès. Nous serons alors capables de faire nos premiers pas en direction de la réalisation de loi de la Nature. À ce moment précis, nous pourrons ressentir notre appartenance à la Nature, à son système intégral, et goûter à la perfection et à l'harmonie.

Première partie

Du chaos à l'harmonie

PRÉAMBULE

La première partie de ce livre traite de l'état de l'humanité au XXIe siècle et décrit les changements nécessaires pour amener une prise de conscience. Cependant, avant d'approfondir le sujet, effectuons un rappel de plusieurs faits ayant marqué l'histoire de l'humanité, et plus particulièrement Israël. La connaissance de ces données est importante pour nous aider à comprendre la solution proposée à nos problèmes.

Au cours du dernier siècle, nous avons fait une très grande avancée dans les progrès scientifiques et technologiques ; toutefois, nous sommes toujours impuissants et perplexes face à certains phénomènes grandissants. Beaucoup d'entre nous sont insatisfaits de nos vies, ce qui engendre la croissance d'un sentiment d'insécurité, d'absence de but, de frustration et d'amertume. Ces sensations nous conduisent souvent à consommer des calmants, des drogues et d'autres substances dont l'usage est un substitut à la satisfaction.

Les fléaux du XXIe siècle sont l'anxiété et la dépression. L'Organisation mondiale de la Santé (OMS) a déterminé qu'une personne sur quatre souffrira au cours de sa vie de troubles mentaux ou neurologiques[1]. Ces cinquante dernières années, nous avons assisté à une hausse significative du nombre de personnes souffrant de dépression. Une nouvelle donnée apparaît également : la dépression touche de plus en plus les jeunes. Elle conclut que d'ici 2020, les troubles mentaux et la dépression seront la seconde cause des problèmes de santé publique.

La dépression est une des premières causes de suicide. Chaque année, plus d'un million de personnes se suicident et 10 à 20 millions effectueront une tentative de suicide[2]. Ces tentatives sont en général en nette augmentation et plus particulièrement chez les enfants et les adolescents.

Le ministère de la Santé israélien a déclaré qu'en Israël, comme dans la plupart des pays occidentaux, les suicides sont la deuxième cause de mortalité chez les enfants et les adolescents[3]. Beaucoup d'employés de la santé publique croient que le phénomène du suicide reflète le malaise général de la société.

Ces dernières décennies, la consommation de drogue est passée d'un phénomène marginal à un problème central et mondial ; toutes les classes sociales sont touchées. L'usage de la drogue parmi les jeunes est chose courante, les enfants, dès leur plus jeune âge, étant en contact avec elle. En 2005, une étude menée en Israël par les autorités chargées de la lutte antidrogue a révélé qu'en comparaison aux anciennes données, le nombre de consommateurs de drogue parmi les jeunes est à présent alarmant.

Aux États-Unis, environ 42 % de la population avoue avoir au moins une fois, durant leur vie, consommé de la drogue[4]. En Europe, la consommation de cocaïne a atteint des sommets records de 3,5 millions de consommateurs. Parmi eux, un grand nombre de personnes instruites vivant en Europe de l'Ouest[5].

Les institutions familiales sont également en déclin ; divorce, aliénation, violence conjugale sont bien plus fréquents. En Israël, un couple sur trois divorce, en Suède et en Russie, 65 % des couples divorcent[6].

La police israélienne indique qu'en 2004, 9400 nouvelles procédures pénales furent ouvertes contre des parents abusant de leurs enfants, alors qu'en 1998, elles étaient de 1000. De plus, en 2004, 200000 femmes ont subi des violences conjugales[7].

Le rapport sur la pauvreté publié par la Sécurité sociale israélienne en 2006 révèle que l'augmentation de la pauvreté et du fossé socioéconomique ne cesse de s'accroître. Actuellement, un enfant sur trois grandit dans une famille pauvre et une famille sur cinq vit en dessous du seuil de pauvreté.

La jeune génération souffre d'un manque de valeurs et d'idéologie et le système éducatif est déficient et en déclin. La violence et la délinquance juvénile sont en forte croissance et 90 % des étudiants disent être témoins de fréquents harcèlements et de violence dans leurs établissements.

Un pourcentage équivalent de professeurs admet qu'ils sont impuissants face à la violence et à l'insubordination dans les écoles.

En fait, l'augmentation de ces phénomènes ne nous

perturbe pas trop parce que nous avons grandi avec et que nous y sommes habitués. Dans le passé, ils étaient considérés comme aberrants, mais de nos jours, ils sont chose courante. En raison du manque de moyens pour faire face à cette situation désagréable, nous acceptons leur existence afin de minimiser la souffrance endurée. C'est un mécanisme de défense naturelle qui s'est développé en nous, mais cela ne signifie pas que les choses ne peuvent pas être différentes ni améliorées.

L'Éditeur

1

LE DÉSIR EST TOUT

Une cause, une solution

Comme nous l'avons dit dans l'avant-propos, beaucoup d'entre nous ressentent déjà qu'il existe une crise globale et personnelle. En fait, elle touche toute la Nature : minérale, végétale, animale et humaine. Il n'est cependant pas suffisant d'envisager certains domaines spécifiques, mais nous sommes tenus de localiser la racine des problèmes afin de les résoudre.

Cette partie du livre montrera l'unique raison qui se trouve derrière tous ces phénomènes négatifs. Lorsque nous comprendrons cette raison, nous serons à même d'apporter la seule solution.

Nous débuterons avec la connaissance de la nature humaine et de la Nature du monde. Si nous parvenons à mieux les comprendre, avec toutes leurs règles et sous tous leurs aspects, nous serons en mesure de voir où nous allons. Nous serons ainsi capables, pour la première fois, de stopper les tourments de notre vie et d'avancer vers un avenir plus prometteur.

L'étude de différentes espèces révèle que le désir primordial de toute matière et de chaque objet est de se conserver. Néanmoins, ce désir s'exprime différemment dans chaque espèce. Les objets solides ont une forme fixe et définie, ce qui rend difficile de pénétrer leurs « limites », alors que d'autres formes se maintiennent en bougeant et en changeant. Nous devons donc nous demander ce qui fait qu'un objet agit d'une certaine façon et qu'il est séparé d'autres éléments. Qu'est-ce qui dicte les actions de chacune des formes de la matière ?

Le comportement des substances ressemble un peu à un écran d'ordinateur. Nous pouvons être impressionnés par l'image apparaissant à l'écran, mais un spécialiste en ordinateur considère la même image comme une combinaison de pixels et de couleurs. Ce professionnel ne s'intéresse qu'aux paramètres créant l'image. Les experts comprennent que l'image n'est que l'apparence superficielle d'une combinaison particulière de forces. Ils savent quels éléments ont besoin d'être changés pour produire une image plus claire, plus lumineuse et plus puissante, et c'est sur ce point qu'ils se concentrent pour progresser.

De la même manière, chaque objet et système dans la réalité, y compris l'individu et la société, reflète sa propre combinaison de forces. Pour faire face à un problème spécifique, nous devons d'abord comprendre le comportement de la matière à ses différents niveaux. Pour y parvenir, nous devons pénétrer plus profondément la force qui conçoit et forme la matière.

Cette force inhérente à toute matière et dans chaque objet se nomme généralement « le désir d'exister », celle-ci détermine la forme de la matière, ses attributs, ainsi que son comportement. Les formes et les combinaisons du désir d'exister sont infinies : telle est la base de toute substance dans le monde. Un très grand désir d'exister se traduit par un très haut degré de matière, et les différents désirs au sein des degrés minéraux, végétaux, animaux et humains créent une multitude de processus en eux.

Le désir d'exister œuvre selon deux principes : 1) se conserver, c'est-à-dire, continuer d'exister ; 2) s'approprier tout ce dont il pense avoir besoin pour vivre. C'est ce dernier désir qui distingue les différents degrés de la matière.

Le niveau **minéral** est doté du plus petit désir d'exister, car les besoins d'un minéral sont infimes et il n'a pas besoin de s'adjoindre un élément extérieur pour exister. Il ne se soucie que de conserver sa forme actuelle, sa structure et ses attributs. De plus, il rejette tout ce qui est étranger, car son seul souhait est de ne pas changer d'où son nom « inanimé ».

En revanche, au niveau **végétal**, il existe un désir plus puissant, il est donc par essence différent du désir minéral, qui lui ne change pas. Le végétal ne se « contente » pas de préserver son existence, il traverse différents processus.

Il en résulte une participation active du végétal dans l'environnement. Par exemple, les plantes suivent les rayons du soleil et dirigent leurs racines vers la nappe phréatique. Le végétal dépend des conditions météorologiques et climatiques de son environnement.

Les végétaux reçoivent de l'environnement tout ce dont ils ont besoin pour se développer, en décomposant et en transformant ce qui est nécessaire, puis en rejetant ce qui leur est nuisible. Nous pouvons donc en conclure que les végétaux dépendent davantage de leur environnement que les minéraux.

Les végétaux ont leur propre cycle de vie : les plantes naissent et meurent. Néanmoins, les plantes appartenant à la même espèce se développent, fleurissent et se fanent selon les mêmes règles. Autrement dit, toutes les plantes d'une même variété se développent de la même façon, et aucune d'entre elles n'a de spécificité propre.

Plus la forme du désir d'exister est puissante, plus ce dernier dépend de l'environnement, et plus il y est sensible. Cette connexion devient plus évidente au degré **animal** ; degré dans lequel le désir d'exister est plus important que dans le végétal. La plupart des animaux vivent en groupe ou en troupeau. Ils sont très mobiles et sont constamment en mouvement, en quête de nourriture et de meilleures conditions de vie. Les animaux sont carnivores ou herbivores, telle est leur source d'énergie pour vivre.

Le degré animal manifeste un certain niveau de développement de la personnalité, induisant des sensations et des émotions, faisant que chaque animal dispose d'un caractère unique. Il ressent son environnement de façon individuelle, se rapprochant de ce qui lui est bénéfique et s'éloignant de celui qui lui est nuisible.

Le cycle de vie des animaux est également individuel. Chacun vit et meurt à une période qui lui est propre, alors que les plantes ont un cycle de vie géré par les saisons.

Le degré le plus élevé du désir d'exister est celui de

l'homme. L'homme est la seule créature qui dépende entièrement de son prochain, il est le seul à ressentir le passé, le présent et le futur. L'homme est influencé par l'environnement et vice versa. De ce fait, nous, les humains, changeons constamment et pas uniquement parce que nous pouvons être heureux ou malheureux, mais parce que nous sommes influencés par les autres et voulons posséder ce qu'ils ont.

Qui plus est, nous voulons davantage que ce que les autres possèdent ; nous voulons même qu'ils leur manquent quelque chose, de sorte que nous puissions faire une comparaison gratifiante. C'est la raison pour laquelle le désir d'exister chez l'homme s'appelle « **l'ego** », « **le désir de plaisir** », ou « **le désir de recevoir délice et plaisir** », ce que les kabbalistes nomment « le désir de recevoir ».

Le Rav Yéhouda Ashlag, dit le Baal HaSoulam[8], écrit à ce propos : « Il s'avère que le désir de recevoir est tout le matériau de la création, du commencement jusqu'à la fin. À tel point que tout ce qui a été créé et tout ce qui le sera (chose que nous ne pouvons évaluer), son mode de vie que nous avons déjà découvert ou qui reste à découvrir, n'est que la forme et le changement d'appréciation du désir de recevoir. »[9]

L'homme n'est pas seulement la créature la plus développée, il diffère de par son essence du degré animal. Si à sa naissance, l'homme est faible, en grandissant, il dépasse de loin toutes les autres créations. Par exemple, un veau d'un jour se distingue d'un bœuf par sa taille et non par son savoir. En revanche, un enfant acquiert l'intelligence dans la fleur de l'âge, alors qu'il est pratiquement désarmé dans les premières années de sa vie.

Ainsi, le développement d'un jeune animal est très différent d'un jeune enfant. Nos sages l'expriment par l'adage suivant : « Un veau d'un jour est un taureau »[10], car il possède toutes les qualités d'un bœuf de taille adulte.

En revanche, l'homme a besoin de nombreuses années pour se développer. Lorsqu'un enfant naît, il ne désire pas grand-chose, mais en grandissant, son désir de recevoir va s'intensifier et énormément se développer. Lorsqu'un nouveau désir apparaît, il engendre de nouveaux besoins que l'homme se doit de satisfaire. À cette fin, l'intellect est mis à contribution pour rechercher à combler ces nouveaux désirs. Il en résulte que le développement de l'intelligence et de la pensée sont les facteurs de croissance de notre désir de plaisir.

Nous pouvons voir comment ce principe s'applique à l'éducation de nos enfants. Afin de les aider à devenir adultes, nous inventons des jeux éducatifs stimulants ; le désir de réussir conduit les enfants à réfléchir à de nouvelles possibilités pour venir à bout des jeux, ce qui favorise leur progrès. De temps en temps, nous leur soumettons un jeu plus difficile pour les aider à évoluer et à progresser. Si l'homme pense qu'il ne manque de rien, il ne pourra pas se développer. Ce n'est que lorsque nous manquons de quelque chose que nous commençons à réfléchir en vue de l'obtenir.

Puisque la personnalité de l'homme se compose d'intelligence et d'émotions, celles-ci le conduisent à développer son désir de plaisir ; elles se complètent mutuellement, ce qui nous rend aptes à percevoir de nouvelles sources de plaisir. Par conséquent, notre volonté est illimitée dans le temps et l'espace. Par exemple, nous ne sommes pas en mesure de ressentir ce qu'il s'est passé il y a un millier d'années, mais grâce à notre intelligence, nous pouvons en comprendre les faits et ainsi compenser notre incapacité à les ressentir.

Le contraire est également possible : lorsque l'homme éprouve un sentiment, il se sert de son intelligence pour examiner quelles pourront être les conséquences, positives ou négatives, de la situation dans laquelle il se trouve. Ainsi, notre intellect et notre cœur élargissent notre perception du temps et de l'espace, jusqu'à ne plus être limitée.

Il se peut ainsi qu'une personne vivant à un endroit précis désire ressembler à une autre dont elle a entendu parler, même si cette dernière est physiquement très éloignée. Qui plus est, un homme moderne peut également vouloir ressembler à un personnage historique.

La satisfaction du désir de plaisir est ressentie en nous comme une joie et un contentement, la non-satisfaction, quant à elle, équivaut à un sentiment de vide, de frustration et de souffrance. Il en résulte que le bonheur de l'homme dépend de l'obtention, ou non, de ce à quoi il aspire. Tout ce qu'entreprend l'homme, de l'action la plus simple à la plus complexe, n'a que pour seul objectif l'accroissement de son plaisir ou la diminution de sa peine. Ce sont en fait les deux facettes de la médaille.

Dans son article « La Paix », le Baal HaSoulam écrit : « Il est bien connu des chercheurs en sciences naturelles que l'on n'effectue pas un mouvement, même le plus petit, sans motivation, c'est-à-dire sans qu'il n'y ait un quelconque profit au fil d'arrivée. Quand, par exemple, quelqu'un bouge sa main de la chaise à la table, c'est parce qu'il pense qu'en mettant la main sur la table, il va ainsi recevoir un plus grand plaisir. S'il ne pensait pas ainsi, il laisserait sa main sur la chaise pour le reste de sa vie, sans la bouger d'un centimètre. Ceci est d'autant plus vrai pour des efforts plus grands. »

Le caractère unique de l'être humain comparé au reste de la Nature ne tient pas uniquement de sa force et de la qualité de ses désirs, mais vient également du fait que ses désirs changent et grandissent constamment ; et ce, aussi bien individuellement que collectivement. Si on regarde l'évolution dans le temps d'autres créatures, par exemple un singe, il s'avère que le singe actuel ressemble à celui d'il y a un millier d'années. Certes, des changements sont intervenus chez le primate, mais ce sont des modifications biologiques, que l'on peut comparer aux changements géologiques au niveau minéral. En revanche, au cours de l'histoire, l'homme a vécu des changements significatifs.

L'évolution du désir humain pour le plaisir

Le développement du désir d'éprouver du plaisir a permis à l'homme de ressentir un besoin constant de découvrir l'univers, de faire des découvertes dans différents domaines. Un plus grand désir implique des besoins plus grands, ce qui engendre des capacités intellectuelles et une perception plus acérée. L'accroissement du désir de plaisir est à l'origine de l'évolution humaine selon l'ordre suivant :

Le désir de se délecter se manifesta tout d'abord dans des désirs physiques tels que le désir de nourriture, d'avoir des relations sexuelles et de fonder une famille. Ces désirs ont existé depuis le début de l'humanité.

Du fait que l'homme vit en société, de nouveaux désirs se développent en lui appelés des « désirs socio-humains », tels que l'argent, puis le respect, le pouvoir et la célébrité. Ces désirs ont changé la face du monde et ont introduit des classes sociales, des systèmes hiérarchiques et des changements dans les structures socioéconomiques.

Plus tard apparut le désir de connaissance. Celui-ci se traduit par le progrès scientifique, des systèmes d'éducation et de la culture. Nous en trouvons les toutes premières traces à la Renaissance, et ce désir continua d'évoluer tout au long des révolutions industrielles et scientifiques, et ce jusqu'à nos jours.

L'essor du Siècle des lumières et la sécularisation de la société ont également été d'autres manifestations du désir d'instruction. Ce dernier poussa l'homme à vouloir tout comprendre de la réalité environnante. Pour y parvenir, il exigea davantage d'informations, entreprit des recherches et voulut tout maîtriser.

Si nous observions l'évolution de la culture, de l'éducation et de la technologie en comprenant que c'est le désir qui conduit tous ces processus, nous parviendrions à la conclusion que cette progression des désirs est également à l'origine de toutes nos idées, inventions et innovations. En fait, celles-ci sont tout simplement des outils « techniques », des « aides » pour satisfaire les besoins créés par les désirs.

Ce processus d'évolution du désir ne se produit pas uniquement pour l'humanité entière au cours de l'histoire, mais également pour tout un chacun. Ces désirs apparaissent en nous, un par un, sous une multitude de combinaisons, et dirigent le cours de nos vies.

En fait, la force motrice interne qui nous fait avancer et qui détermine la situation dans laquelle se trouve la société est actuellement notre désir de nous délecter. L'évolution de nos désirs est constante et trace notre présent et notre avenir.

2

LES LIMITES AU PLAISIR

> « Il y a deux tragédies dans la vie : l'une est
> de ne pas satisfaire son désir et l'autre de le
> satisfaire. Cette dernière est de loin la pire ; elle
> est une réelle tragédie ! »
>
> Oscar Wilde, L'Éventail de Lady Windermere

Si nous examinons le plaisir que font éprouver les connaissances, le pouvoir, les honneurs, la richesse, ou la nourriture et le sexe, il semblerait que dans tous les cas de figure le plus grand plaisir est ressenti lors de la brève rencontre entre le désir et sa satisfaction. Dès l'instant où nous commençons à assouvir nos désirs, le plaisir s'amenuise.

Le plaisir ressenti lors de sa satisfaction peut durer quelques minutes, quelques heures ou plusieurs jours, mais il s'amenuisera indubitablement. Même les années passées à essayer d'obtenir l'objet de notre convoitise, telle une fonction prestigieuse, nous font perdre la sensation de plaisir dès que nous l'avons obtenue. Il semblerait qu'un plaisir satisfait en annihile le désir.

Qui plus est, lorsque le plaisir pénètre le désir et disparaît ensuite, il construit en nous un désir deux fois plus grand que le désir initial. Ce qui nous procure aujourd'hui du plaisir sera caduc demain. Nous voulons encore et toujours plus, c'est la raison pour laquelle nous sommes amenés à faire plus d'efforts pour satisfaire nos désirs grandissants.

Pour une personne ne désirant rien de spécial, la sensation de vie est déprimante. Lorsque le désir de vouloir acquérir de nouvelles choses diminue, c'est la sensation de vivre et notre vitalité qui diminuent. C'est pourquoi la société offre constamment à chacun d'entre nous de nouveaux désirs... qui nous relancent pour un autre instant éphémère. Si nous sommes provisoirement satisfaits, ce n'est que pour être rapidement vidés, une fois de plus, et être envahis d'une plus grande frustration.

De nos jours, la société nous pousse sans cesse à acheter des biens de consommation, elle nous permet de presque tout acheter, même si nous ne disposons pas d'argent. Une publicité agressive, la nécessité de répondre aux standards sociaux et les facilités de paiement nous conduisent à acheter bien plus que ce que nous permettent nos possibilités financières. Très rapidement, l'excitation ressentie lors de l'achat disparaît comme si elle n'avait jamais existé, alors que les remboursements, eux, s'étaleront encore sur plusieurs années. Dans tous les cas de figure, la déception issue de l'achat ne disparaît pas avec le temps, mais s'accumule.

Même l'argent ne fait pas le bonheur. Une étude menée par le Pr Daniel Kahneman[11] montre l'existence d'un écart important entre l'appréciation qu'auront l'argent et l'état de santé sur l'humeur de quelqu'un, et son impact réel.

L'étude souligne également que l'humeur quotidienne des gens est identique entre les riches et les pauvres. Qui plus est, les états d'esprit négatifs comme la colère et l'hostilité sont plus fréquents parmi les riches. Une des raisons qui expliquent l'absence de lien direct entre l'argent et la joie de vivre est que nous nous habituons rapidement à un certain confort et à un nouveau mode de vie ; nous en voulons immédiatement davantage.

Nous pouvons conclure sur les limites du plaisir en recourant aux mots du Baal HaSoulam : « Ce monde a été créé avec un besoin et un sentiment de vide liés à l'abondance. Pour acquérir des biens, le mouvement est nécessaire. Sachez que la multitude d'actions fait souffrir l'homme. Cependant, il est également impossible d'être dépourvu de possessions et de biens. Par conséquent, nous choisissons le tourment du mouvement pour obtenir quelque chose. Puisque tous ces biens ne sont acquis qu'à des fins personnelles, et que "lorsque nous disposons de cent, nous voulons deux cents", il s'avère finalement que "l'homme ne meurt qu'avec une moitié de son désir entre les mains". Il en résulte qu'il souffre des deux côtés : de par l'aggravation de la souffrance causée par la multitude de mouvements, et de par le regret de ne pas posséder ce dont il a besoin pour remplir le vide. »[12]

Nous pouvons en conclure que notre nature, notre désir de plaisir, nous place dans une situation inconfortable. D'une part, nos désirs augmentent constamment, et d'autre part leur satisfaction, qui nécessite de gros efforts et de nombreuses actions, ne nous procure qu'un bref contentement qui, en disparaissant, nous laisse deux fois plus vides.

Duper le désir de plaisir

Avec le temps, l'humanité a développé différentes méthodes pour faire face à son incapacité à satisfaire le désir de plaisir. La plupart de ces méthodes sont basées sur deux principes devant « flouer » le désir d'éprouver du plaisir : 1) se satisfaire des habitudes ; 2) diminuer le désir de plaisir.

Le premier principe repose sur l'acquisition d'habitudes par conditionnement. D'abord, on enseigne à un enfant que certains actes sont récompensés. Une fois l'acte accompli, l'enfant est récompensé par la reconnaissance de son professeur et de son environnement social. En grandissant, la récompense cesse progressivement, mais à présent, cet acte est mémorisé chez l'adulte comme étant gratifiant.

En fait, lorsqu'une personne est habituée à réaliser certaines actions, le seul accomplissement devient valorisant. C'est la raison pour laquelle elle deviendra tout particulièrement méticuleuse dans l'accomplissement dudit acte et qu'elle en tirera un grand plaisir en l'améliorant. De plus, cette stratégie est généralement accompagnée de promesses en l'avenir, par exemple, une récompense après la mort.

Le second principe est basé sur la diminution du désir de plaisir. Il est bien plus triste de vouloir et de ne pas avoir, que de ne rien vouloir du tout. Le premier souffre et le second est « heureux de ce qu'il possède » et s'en contente. Les philosophies orientales se servent de ce principe. Elles ont développé de nombreux moyens qui se basent sur des exercices physiques et mentaux afin de diminuer la puissance du désir de plaisir, d'abaisser l'intensité de la souffrance.

Tant que nous nous cantonnons à une quête de plaisir à venir, nous maintenons notre routine quotidienne et croyons en un meilleur avenir. Il se peut que nous soyons insatisfaits de ne pas posséder ce à quoi nous aspirons. Cependant, nous continuons notre chasse aux plaisirs comme substitut à notre actuel inassouvissement. Cette quête nous donne l'impression d'exister puisqu'elle nous permet d'être continuellement en mouvement pour parvenir à de nouveaux buts et désirs ; de cette façon, nous espérons être heureux en les réalisant ou, à tout le moins, en essayant.

Jusqu'à présent, nous nous sommes minutieusement appliqués à utiliser ces méthodes ; or, avec la croissance naturelle du désir de plaisir – l'ego –, il s'avère que ces solutions sont devenues de moins en moins effectives. L'ego grandissant de l'homme ne lui permet plus de se soumettre à des solutions édulcorées ni d'étouffer l'ego. Ce phénomène est visible dans tous les domaines de la vie courante, tant d'un point de vue individuel que collectif.

L'exemple le plus frappant est celui de la faillite des institutions familiales. Les relations familiales en général, et plus particulièrement entre mari et femme, sont les premières touchées par l'intensification de l'ego. Il se trouve que le conjoint est généralement la personne qui nous est la plus proche. L'ego a accru la difficulté de se sentir proche les uns des autres, ou de faire partie d'une même famille.

Dans le passé, le modèle familial était protégé des bouleversements, il était un havre de paix. Lorsque des problèmes mondiaux surgissaient, nous partions en guerre ; s'il s'agissait de problèmes de voisinage, nous pouvions déménager. Ainsi, l'unité familiale était toujours préservée. Même dans les moments où l'homme ne souhaitait plus avoir de famille, celui-ci a continué de préserver la cellule familiale ; soit à cause des enfants, soit parce que ses parents âgés avaient besoin de son aide. Cependant, de nos jours, l'ego est si excessif qu'il se moque de tout. La plupart des divorces et des familles monoparentales en témoignent, même s'ils demeurent une épreuve difficile pour les enfants. De même, la hausse du nombre de maisons de retraite, institution inexistante dans le passé, montre la désintégration des familles.

L'intensification de l'ego a également des répercussions globales. Les conséquences sont d'une portée considérable et nous mettent dans une situation sans précédent. D'un côté, la mondialisation nous montre que nous sommes tous connectés : en matière d'économie, de culture, de science, d'éducation, et dans bien d'autres domaines ; d'un autre côté, notre ego est parvenu à son point culminant, faisant en sorte que nous ne pouvons plus supporter personne.

En vérité, nous avons toujours fait partie intégrante d'un seul système, mais nous n'en sommes pas conscients. La Nature le montre à travers deux forces qui agissent simultanément : il existe une force nous unissant tous, et une force de répulsion qui nous éloigne les uns des autres. Ainsi, lorsque ces deux forces se manifestent plus vivement, nous découvrons notre dépendance et, en même temps, nous nous révoltons. Si nous ne mettons pas un terme à notre intolérance grandissante, à notre haine du prochain, nous serons amenés à nous détruire.

Le Baal HaSoulam nous a mis en garde il y a de nombreuses années. Avant son décès, il a expliqué que si nous n'effectuons pas un virage drastique sur la voie de l'égoïsme, nous nous engagerons dans une troisième, voire une quatrième guerre mondiale. Il prédit qu'une guerre nucléaire pourrait alors éclater, laquelle conduirait à l'anéantissement de la majorité de la population mondiale.

Albert Einstein exprima la même peur dans un télégramme rédigé le 24 mai 1946 : « Le pouvoir débridé de l'atome a tout modifié sauf nos modes de pensée, et c'est pourquoi nous dérivons vers une catastrophe sans précédent ». Malheureusement, ces mots semblent encore plus pertinents aujourd'hui qu'à l'époque.

Nous avons cru au cours de l'histoire que nous nous dirigions sans cesse vers des temps meilleurs, que nous progressions dans la science, la technologie, la culture et l'éducation afin de mieux vivre et d'être plus heureux. Un des endroits représentant le mieux cette croyance est Spaceship Earth (une sphère géodésique) dans le parc d'attractions Epcot de Disney World, à Orlando, en Floride, qui a été construit au début des années 1980. Dans ce parc à thèmes, les visiteurs sont conduits dans des pavillons marquant les grands événements de l'évolution de l'humanité.

L'excursion commence par la visite d'une grotte préhistorique, avec des peintures rupestres, et se poursuit par des lieux et de grandes dates de l'histoire, tels les débuts de l'écriture et de la menuiserie. L'excursion se termine avec la conquête de l'espace. L'attraction est conçue selon un aspect évolutif, et c'est pourquoi elle est construite telle une ode à l'homme. L'histoire est présentée comme une joyeuse marche permanente, avec comme devise : « Ça arrivera demain, et si ce n'est pas demain, alors après-demain ; si ce n'est pas pour nos enfants, alors cela sera pour nos petits-enfants. »

Cette approche optimiste est de nos jours périmée. Chacun d'entre nous dispose de tout ce dont il pouvait imaginer il y a une centaine d'années : options infinies de loisirs, de voyages, de détente, de sports ; ceci n'est qu'une liste énumérative, mais elle est sans fin. Actuellement, nous ne croyons plus en un meilleur avenir. La vie en rose a viré au gris, en témoigne le nombre croissant de suicides, le terrorisme, les catastrophes écologiques, l'instabilité sociale, économique et politique.

Nous nous tenons à la croisée des chemins. Nous commençons à retrouver notre lucidité et à voir qu'un avenir brillant ne nous attend pas. Au contraire, il semblerait même que nos enfants ne vivent pas mieux que nous. Nous devons, pour comprendre la crise au niveau personnel et collectif, prendre conscience que tout ce que nous avons développé en vue d'un bonheur durable a échoué.

De là découlent les sensations de vide et de futilité ; c'est la raison pour laquelle la dépression et la consommation de drogues sont les fléaux des temps modernes. Ces symptômes sont les expressions d'impuissance ressenties du fait que nous ne savons pas satisfaire nos désirs de plaisir. Notre ego a désormais atteint un point où rien de connu ne peut le satisfaire.

L'exemple typique du désespoir ressenti est l'attitude des jeunes dans la vie. Beaucoup d'adolescents ont une vision de la vie qui diffère de celle de leurs parents au même âge. Un monde rempli d'opportunités (réussite, épanouissement personnel) leur tend les bras, mais de plus en plus de jeunes n'y trouvent aucun intérêt. Il semblerait qu'ils ne soient pas intéressés par la réalisation de si grandes opportunités. Il semblerait qu'ils sachent d'emblée que tous leurs projets seront vains.

De même, ils voient dans leur entourage que les adultes ont entrepris beaucoup d'efforts et qu'ils ne sont pas plus comblés. Tout ceci ne leur donne pas envie de travailler ! Les parents comprennent difficilement ce qui se passe, car dans leur jeunesse, tout était différent. Chaque génération porte en elle l'expérience et les désillusions des générations précédentes.

Il en résulte qu'aucune solution connue ne peut améliorer notre situation. Nous ne serons en mesure de comprendre où nous allons que si nous apprenons les fondements de la Nature, lesquels permettent à tout organisme vivant – et à la Nature elle-même – d'exister. Pour que la vie ait un sens, qu'elle soit sereine et paisible, nous devons connaître la méthode parfaite qui satisfait le désir de plaisir, l'ego.

3

L'ALTRUISME EST LA LOI DE LA VIE

Lorsque nous examinons la Nature, nous découvrons le phénomène de l'altruisme. Le mot « altruisme » vient du latin *alter* qui signifie « autrui ». Le philosophe Auguste Comte (XIXᵉ siècle) a défini l'altruisme comme « antinomique de l'égoïsme ». Il existe d'autres définitions de l'altruisme : « l'amour d'autrui », « l'amour désintéressé pour autrui », « générosité excessive », « préférence marquée pour le bien d'autrui » et « empathie ».

L'égoïsme comme l'altruisme sont des termes qui ne conviennent qu'à l'homme. En effet, les concepts « d'intentions » et de « libre choix » ne se rapportent qu'à l'espèce humaine. Les autres créatures n'ont pas de liberté de choisir. Les actions de don et de réception, d'absorption et de sécrétion, comme le vagabondage et le sacrifice de soi sont implantées dans les codes génétiques des animaux[13]. Nous « empruntons » ces termes animaliers et les employons respectueusement dans le but d'expliquer au mieux les lois de la Nature et en tirer des conclusions au niveau humain.

Au premier abord, la Nature semble être une arène égoïste dans laquelle seuls les plus forts survivent. Cette approche a conduit les chercheurs à émettre plusieurs hypothèses pour expliquer la motivation directe ou indirecte des animaux à agir avec altruisme[14]. Cependant, un examen plus approfondi et une vision plus générale révèlent que chaque lutte et confrontation harmonisent davantage la Nature, encourageant une assistance réciproque des moyens de subsistance. Ces luttes sont donc saines et contribuent à l'évolution de l'ensemble de la Nature.

Prenons un exemple d'harmonisation de la Nature. Dans les années 1990, le gouvernement nord-coréen a décidé d'éradiquer la présence des chats dans les rues, ceux-ci étant devenus une source de nuisance. Plusieurs semaines après l'opération, les rues furent envahies de souris, de rats et de serpents. Pour mettre un terme à ce déséquilibre, le gouvernement nord-coréen dut finalement importer des chats.

Les loups sont un autre exemple typique. Nous considérons les loups comme des animaux cruels et dangereux. Cependant, lorsque le nombre de loups décline, nous voyons clairement leur contribution dans l'équilibre des gazelles, sangliers ou autres cochons sauvages. Il s'avère que contrairement à l'homme, qui préfère chasser les animaux en bonne santé, les loups, quant à eux, chassent les espèces malades et faibles. C'est ainsi que, dans les faits, les prédateurs contribuent au maintien d'une population animale en bonne santé.

Ainsi, plus la recherche scientifique progresse, plus elle révèle que tous les éléments de la Nature sont interreliés au sein d'un seul et même système. Or, lorsque nous projetons nos émotions sur les phénomènes naturels, nous ressentons souvent que la Nature est cruelle. En vérité, les prédateurs carnivores garantissent l'harmonie et la santé du système général. Il s'avère également que dans le corps humain des milliards de cellules meurent et naissent chaque minute ; c'est de ce processus que dépend la continuation de la vie !

L'harmonie entre les cellules dans un corps vivant

Dans tout organisme vivant se produit, dans la plupart des cellules, un phénomène remarquable et très intéressant : si nous prenons individuellement chaque cellule comme une entité à part entière, il semblerait qu'elle se comporte égoïstement et ne « pense » qu'à elle. Or, si nous l'examinons comme un élément d'un système, une cellule dans un corps, il semblerait qu'elle ne prenne pour elle que ce dont elle a besoin pour vivre et toutes les autres actions sont effectuées en vue du corps. La cellule a un comportement altruiste et ne « pense » qu'au bon fonctionnement du corps. Elle œuvre en ce sens.

Il doit y avoir une parfaite harmonie entre les cellules du corps. Le noyau de chaque cellule contient le code génétique contenant toutes les informations sur le corps. Théoriquement, ce sont les informations nécessaires pour recréer tout le corps. Chaque cellule du corps doit être à l'écoute de tout le corps. Elle doit savoir quels sont les besoins de ce dernier et ce qu'elle peut faire pour lui. Si tel n'est pas le cas, le corps ne peut plus continuer à vivre. Une cellule du corps n'existe qu'eu égard au corps. Toutes les actions des cellules – du début à la fin de sa division, sa spécification, ses mouvements à certains endroits du corps – coïncident aux besoins de l'entité corporelle.

La connexion crée la vie à un nouveau degré

Bien que toutes les cellules de notre corps disposent des mêmes informations génétiques, chaque cellule active une partie différente de ces données héréditaires, et ce, selon son emplacement et son rôle dans le corps. Au début de la croissance de l'embryon, toutes les cellules sont identiques, puis avec le temps, elles traversent un processus de différenciation et chacune acquiert des attributs particuliers.

Ainsi, chaque cellule a sa propre « intelligence » ou « sensibilité », mais c'est leur connexion qui crée un être humain, un corps complet dans lequel l'intelligence et la sensibilité relèvent d'un degré supérieur. Ces dernières sont absentes de chaque cellule prise individuellement, mais elles apparaissent lorsqu'elles s'unissent.

Une cellule égoïste est cancérigène

Les cellules saines sont régies par une variété de règles et de restrictions. Cependant, une cellule cancérigène ne se soucie pas des restrictions. Le cancer est une situation dans laquelle le corps est dévoré par ses propres cellules qui prolifèrent. Lorsqu'elle croît, la cellule cancéreuse se multiplie sans cesse et ne prend plus en considération son environnement, pas plus qu'elle ne répond aux injonctions du corps. La cellule cancéreuse détruit son entourage en se créant son propre espace pour se développer. Elle force les globules à se diriger au cœur de la tumeur afin de l'alimenter, et le corps entier est assujetti.

En d'autres termes, les cellules malignes, par leurs

actions égoïstes, engendrent la mort du corps. Elles agissent de la sorte, même si elles n'en tirent aucun bénéfice. En fait, la vérité est toute autre : la mort du corps représente également la mort de ses « assassins ». En prenant le contrôle de tout le corps, les cellules cancéreuses engendrent leur propre ruine. L'auto-alimentation de l'égoïsme conduit tout à la mort, lui y compris. Un comportement égoïste et la négligence des besoins de tout le corps conduisent les cellules cancéreuses directement à leur perte.

L'individualité face à la collectivité

Dans un corps sain, les cellules « renoncent » à leur propre vie, si nécessaire, pour permettre au corps d'exister. En cas de dérèglement génétique dans une cellule, ce qui pourrait conduire à un cancer, la cellule déclenche un processus pour mettre un terme à sa vie. La peur de cancérisation de tout le corps fait que la cellule renonce à sa propre vie pour que le corps puisse continuer à vivre.

Un exemple intéressant d'altruisme se trouve dans les moules de boue cellulaire, tels que *des mucoroïdes de Dictyostelium*. Ces protistes vivent en tant que différentes amibes jusqu'à être affamés, point à partir duquel ils s'agrègent et forment un corps fruitier multicellulaire dans lequel quelques cellules se sacrifient pour favoriser la survie d'autres cellules dans le corps fruitier.

Aider autrui

Le primatologue Frans de Waal a apporté de nombreux

autres exemples d'altruisme dans la Nature dans son livre « Le bon singe »[15]. Il décrit dans une de ses recherches que lorsque deux primates sont séparés, tout en leur laissant la possibilité de se voir, et qu'ils sont alimentés à des heures différentes, ces derniers essaient de se transmettre la nourriture à travers la cloison transparente.

Les observations montrent que les singes ont tendance à augmenter leur niveau d'alerte et de soin l'un envers l'autre lorsqu'un d'eux est blessé ou limité. Une guenon handicapée réussit à survivre deux décennies, malgré un rude climat, et parvient même à élever cinq descendants grâce à l'aide des autres singes.

Une autre femelle mentalement et physiquement retardée a survécu grâce à l'aide de sa sœur aînée, laquelle l'a portée sur son dos et l'a protégée. Une autre, aveugle, a bénéficié de la protection rapprochée des mâles. Un babouin mâle dont le frère était épileptique restait à ses côtés lors des crises et posait sa main sur son torse, empêchant vigoureusement toute personne de s'approcher pour l'examiner.

D'autres animaux agissent similairement. Les dauphins aident leurs compagnons blessés en restant à proximité, leur permettant ainsi de rester à la surface pour respirer et ne pas se noyer. Les éléphants s'unissent pour aider l'un des leurs qui agonise sur le sable. Ils essaient de toutes leurs forces de le relever en le poussant avec leurs trompes et leurs défenses. Certains, lors de la manœuvre, brisent même leurs défenses. Récemment, l'ami d'une éléphante blessée au poumon par une balle de braconnier s'est couché sous elle pour l'empêcher de tomber.

Une société communautaire entre les animaux

Le monde des animaux présente de nombreux exemples impressionnants de société communautaire dans laquelle chacun travaille en vue du bien de tous. De telles sociétés concernent les insectes, les mammifères et les oiseaux.

Les biologistes Avishag et Amotz Zahavi ont examiné la vie en communauté des cratéropes écaillés, un oiseau chanteur vivant dans les terres arides du Moyen-Orient, et ils ont découvert de nombreux phénomènes altruistes : ces oiseaux vivent en groupe, défendent ensemble leur territoire, et disposent d'un seul nid collectif. Quand les oiseaux mangent, un autre monte la garde, alors qu'il est lui-même affamé. Les cratéropes écaillés qui trouvent à manger l'offrent à leurs amis avant de s'être repus eux-mêmes. Ils nourrissent les jeunes et les autres membres du groupe et répondent à tous leurs besoins. Lorsqu'un prédateur approche, les cratéropes sonnent l'alarme, prévenant ainsi tout le groupe et n'hésitant pas à se mettre en danger ; ils n'hésitent pas non plus à risquer leur vie pour sauver un membre capturé par un prédateur.

Le mutualisme

Les recherches botaniques ont trouvé de nombreux exemples de mutualisme. Ainsi, après la floraison du yucca, les fleurs sont fécondées par le papillon à yucca, lequel diffuse le pollen en pondant ses œufs dans les fleurs. Les larves du papillon se nourrissent des graines de l'arbre, mais en laissent assez pour permettre la propagation de l'espèce. En entretenant une telle relation, la plante et le papillon assurent ensemble leur perduration.

Sans carence ni manque

Dans un essai écrit en 2002, le Professeur Théodore C. Bergstrom explique que dans un environnement dépourvu d'êtres humains, les animaux vivent en respectant l'intérêt général et non pas, comme on aurait pu le penser, selon « la loi du plus fort ». Dans de telles sociétés, les animaux préservent l'équilibre et la densité de la population et s'adaptent toujours aux conditions de vie. La carence ou la privation n'existent jamais dans aucune tranche de la population, et en cas « d'accident », l'épisode est corrigé aussi vite que possible par la société animalière.

La survie de la société est possible en plaçant chacun de ses membres dans des conditions idéales pour survivre et bénéficier au mieux des ressources environnementales.

Dans la nature, tout se déplace vers l'unité

L'évolution de la nature prouve que le processus de représentation du monde en un petit village n'est pas accidentel. Au contraire, c'est une étape naturelle lorsque la civilisation se développe vers une harmonie globale.

Selon la biologiste évolutionniste Elisabet Sahtouris, lorsque le processus se terminera, il y aura un seul système dans lequel les éléments seront interconnectés par collaboration mutuelle. Dans une conférence donnée à Tokyo en 2005, le Dr Sahtouris a expliqué que l'évolution se traduit par des phases d'individualisation, de conflit et de compétition. Aux termes de ces étapes, les éléments ne formeront plus qu'un seul système harmonieux.

Elle illustra ses propos avec l'exemple de l'évolution de la vie sur Terre. Il y a des milliards d'années, la Terre était peuplée de bactéries. Celles-ci ont proliféré, engendrant une lutte pour les ressources naturelles, telles que la nourriture et l'occupation d'un territoire. Ainsi, une nouvelle entité, une colonie bactérienne, s'est formée qui s'adapta mieux aux conditions environnementales.

Une bactérie est en fait une communauté de bactéries fonctionnant comme un seul organisme. Selon ce système, une cellule mère se développe et devient multicellulaire ; elle compose les corps des végétaux, des animaux et des êtres humains.

Chaque entité a un intérêt personnel et égoïste. Cependant, l'essence de l'évolution est que bien que ces entités disposent d'un intérêt personnel, elles s'unissent en un seul corps et travaillent en vue de l'intérêt général de ce corps. E. Sahtouris considère le processus emprunté actuellement par l'humanité comme une étape nécessaire afin de ne former qu'une seule famille, une communauté qui subviendrait aux intérêts de tous (si nous parvenons à agir comme une entité saine en son sein.)

Ainsi, si nous observons les composantes de la Nature, nous voyons que l'altruisme est la base de la vie. Chaque organisme vivant et chaque système consistent en un assemblage de cellules ou entités qui coopèrent, se complètent et s'assistent mutuellement. Ils partagent et vivent selon la loi de l'altruisme : « un pour tous ». Si nous effectuons des recherches poussées sur la Nature, nous verrons de plus en plus d'exemples de connexion mutuelle – que la loi générale de la Nature est « l'union altruiste d'entités égoïstes ».

La Nature a conçu la vie de façon à ce que chaque cellule doive devenir altruiste afin de construire un corps vivant. La Nature a créé une norme selon laquelle la force de cohésion entre les cellules et les organes d'un corps vivant repose sur une relation altruiste. Il en résulte, par conséquent, que la force qui crée et maintient la vie sous sa forme altruiste est une force de don et de partage. Son but est de créer une vie basée sur une existence altruiste, harmonieuse et équilibrée entre tous ces éléments.

4

LA VIOLATION DE L'ÉQUILIBRE

« *Homme, ne cherche plus l'auteur du mal ; cet auteur, c'est toi-même.* »
Jean-Jacques Rousseau, *Profession de foi du vicaire savoyard (Émile, livre quatrième)*

« *L'homme est le plus cruel de tous les animaux.* »
Friedrich Nietzsche, *Ainsi parlait Zarathoustra*

« *L'homme est le seul animal qui rougit, ou a besoin de le faire.* »
Mark Twain, *En suivant l'équateur*

Tous les éléments de la Nature agissent selon la loi de l'altruisme sauf l'ego humain. Ils s'équilibrent avec leurs environnements et créent des systèmes harmonieux. Lorsque l'équilibre est rompu, l'organisme commence sa désintégration. Pour que la vie existe, il est donc nécessaire que l'équilibre soit rétabli.

En fait, tout le système immunitaire de l'homme agit pour préserver l'équilibre ; parler d'un corps fort ou faible évoque sa possibilité à maintenir l'équilibre. Pour préserver l'équilibre, chaque élément qui le compose doit agir avec altruisme. Ainsi, la Nature peut fonctionner harmonieusement et parfaitement. Si un certain élément ne se soumet pas au principe de l'altruisme, il enfreint alors l'équilibre. Les termes d'altruisme et d'équilibre sont ainsi liés par la loi de cause à effet.

Dans toutes les créatures, excepté l'homme, existe un « programme garantissant l'équilibre », un programme leur permettant d'agir comme il se doit, à tout moment. Les créatures savent toujours comment réagir pour ne pas trébucher dans certaines situations complexes et instables, ou dans un nouvel environnement. Elles ne sont pas libres d'agir selon leur volonté et c'est la raison pour laquelle elles ne sont pas en mesure de changer l'équilibre naturel. En revanche, les êtres humains sont les seules créatures non dotées de ce logiciel garantissant l'équilibre.

La Nature ne nous a pas inculqué suffisamment de connaissances ni d'instincts pour vivre en équilibre avec elle. En effet, dès notre naissance, nous ne savons pas comment nous comporter en société, c'est-à-dire comment vivre en harmonie avec notre entourage. La situation d'équilibre est en fait la plus appropriée ; c'est un état de perfection où tout fonctionne harmonieusement, ne nécessitant pas de résistance ni de protection particulière.

Le fait de ne pas être doté d'un programme garantissant l'équilibre a conduit notre évolution sociale dans une direction égoïste. Ce phénomène s'est accru de génération en génération. Par conséquent, quand l'homme essaye de satisfaire ses propres désirs de plaisir, il ne prend pas en considération son prochain. Nous n'aspirons pas à nous unir à autrui de façon altruiste, comme cela existe dans la Nature. De ce fait, nous ne savons pas que c'est précisément là où se cache la joie tant désirée.

En regardant de plus près, nous voyons que nous ne nous soucions que de notre propre existence. Toutes nos relations avec autrui ne tendent qu'à l'amélioration de notre propre situation. Pour ne serait-ce qu'améliorer un tant soit peu nos vies, nous sommes prêts à ce que disparaissent les personnes dont nous n'avons pas besoin.

Aucune créature, excepté l'homme, ne peut manipuler son entourage. Aucune créature ne peut éprouver du plaisir en oppressant autrui, ou en se délectant de sa souffrance. Seul l'homme peut se réjouir des tracas de son prochain. Il existe un adage très connu disant qu'il est plus sûr de passer à côté d'un lion repu que d'un homme repu.

Les buts égoïstes qui se sont développés de génération en génération, et ce souvent aux dépens des autres, sont en complète contradiction avec l'idéal fondamental de la Nature : donner à chacun ce dont il a besoin pour vivre au mieux. C'est la raison pour laquelle l'égoïsme humain est la seule force destructrice au monde, la seule qui nuit au système global d'équilibre de la Nature.

Dans son article « La paix dans le monde », le Baal HaSoulam écrit : « Nous dirons que la nature de l'individu est d'exploiter la vie de tous les autres pour son propre intérêt et tout ce qu'il donne à autrui n'est que par pure nécessité. Même ce geste s'apparente à une certaine exploitation, mais cela est fait si astucieusement que son ami ne le ressentira pas. » Il ajoute plus loin : « l'être humain [...] pense tout naturellement que chaque homme devrait être sous son autorité pour être utilisé à ses propres fins. C'est là une loi qui ne peut être battue en brèche. L'unique différence se situe au niveau du choix que font les personnes. L'une choisira d'exploiter les gens en assouvissant leurs désirs les plus vils, l'autre en choisissant le pouvoir, cependant que la troisième cherchera à être respectée. De plus, si l'homme pouvait faire cela sans trop d'effort, il serait d'accord d'exploiter le monde entier en utilisant ces trois moyens : la prospérité, le pouvoir et le respect [...]. Il est toutefois obligé de choisir selon ses compétences et ses capacités. »

Il est intéressant de voir que pour se frayer un chemin vers une vie paisible, nous devons tout d'abord comprendre notre nature égoïste. En fait, le Baal HaSoulam dit que ce n'est pas une coïncidence et qu'il est normal que notre égoïsme s'accroisse, ceci pour nous montrer précisément notre éloignement de la loi générale de la réalité – la loi de l'altruisme, qui est le fondement de nos vies –, pour nous amener à corriger cet écart.

L'objectif de l'accroissement de l'ego est de nous faire admettre son orientation opposée, nous faire comprendre qu'il ne souhaite que recevoir pour lui-même au détriment d'autrui, en contradiction avec la force globale de la Nature dont l'attribut est l'altruisme, l'amour et le partage. De là, nous ressentirons notre antinomie avec la force de la nature comme un « déséquilibre avec la Nature », ou « déséquilibre », et nous voudrons acquérir l'attribut de l'altruisme : « être en équilibre avec la Nature. »

Quelle est notre source de plaisir ?

Comme nous l'avons dit précédemment, nos désirs sont répartis en désirs physiques et humains. Nous allons à présent nous concentrer sur les désirs humains pour comprendre les causes du déséquilibre dans nos relations sociales.

Les désirs socio-humains se répartissent en trois catégories ; les désirs de richesse, les désirs de respect et de pouvoir, et les désirs de connaissance. Ces catégories représentent tous les désirs non physiques qui peuvent apparaître en nous. Ils tirent leur nom de « désirs socio-humains » pour deux raisons : a) ce sont des désirs que la société nous donne, cela signifie que si nous vivions seuls, nous n'aurions pas besoin de ces choses ; b) ces désirs ne se réalisent qu'en société.

Pour être plus précis, tout ce qui est nécessaire pour vivre se nomme « physique » et le reste se nomme « socio-humain ». Nous pouvons mesurer le degré d'utilisation de chacun des désirs en fonction de ce qui va au-delà de ce qui est nécessaire à notre existence. Désormais, ce sont ces désirs qui grandissent en nous.

Chacun de nous dispose d'une combinaison différente de désirs socio-humains, celle-ci changera au cours de nos vies. Une personne aspire à faire fortune, une autre au respect et une troisième au désir de s'instruire. Tous ont un niveau et une facette différents.

- La **richesse** représente le désir de possession. C'est un désir de posséder le monde entier, l'homme veut qu'il lui appartienne.

- Les **honneurs** sont un plus haut niveau de désir. La personne ne désire pas que posséder, mais elle réalise qu'un monde entier existe en dehors d'elle. De ce fait, elle travaillera toute sa vie en vue de gagner le respect, elle sera même prête à payer pour l'obtenir.

Le désir d'argent est plus primaire que le désir de respect ; c'est un désir de tout acquérir et de se l'accaparer. En revanche, le désir de respect n'a aucun intérêt à l'annihilation d'autrui. Au contraire, il aspire au pouvoir et veut imposer son ascendant ; il cherche le respect des gens. C'est pourquoi les honneurs représentent le désir de l'homme à l'effet de s'approprier le monde extérieur et d'être respecté.

- La **connaissance** symbolise un plus grand désir de pouvoir. L'homme aspire à tout savoir, à connaître tous les détails de la réalité, à comprendre les tenants et les aboutissants, puis la façon dont il peut se servir à son avantage de la Nature et des autres. L'homme, en se servant de son intelligence, désire tout maîtriser et tout dominer.

Tout désir qui ne relève pas de notre préservation nous provient de la société. La satisfaction ou non d'un tel désir se mesure uniquement par l'appréciation de la société. L'étude du Pr Kahneman, citée plus haut, révèle que la quantification du bonheur ressenti, et son appréciation, suivent les standards de la société.

La recherche montre également que notre bonheur n'est pas lié à ce que nous possédons, mais à la comparaison de notre situation avec nos voisins. C'est la raison pour laquelle le niveau de bonheur n'augmente pas en s'enrichissant. Plus nous gagnons bien notre vie, plus nous nous comparons à un entourage plus fortuné.

Ainsi, la seule manière de pouvoir déterminer notre bonheur ou notre malheur est de nous comparer aux autres. Quand autrui réussit, nous l'envions. Au fond de nous, et parfois même ouvertement, nous souhaitons l'infortune d'autrui ; c'est un comportement incontrôlable et automatique. Quand une personne ne réussit pas, nous sommes contents : notre sort s'améliore immédiatement.

En fait, les plaisirs humains, qui ne sont pas des besoins physiques, dépendent de notre attitude vis-à-vis d'autrui et de la façon dont nous considérons nos relations avec les autres. Ce ne sont pas nos possessions qui nous rendent heureux, mais notre supériorité sur les autres, l'estime de la société, l'amour propre et le pouvoir de domination qu'elle octroie.

Cette attitude égoïste envers les autres occasionne un déséquilibre et une incongruité entre nous et la loi générale de la Nature : la loi de l'altruisme. Nos aspirations égoïstes à l'effet de dominer les autres, de profiter à leurs dépens, et d'être séparés d'eux contredisent l'aspiration de la Nature à ramener tous ses éléments vers des liens mutuels altruistes. C'est pourquoi l'égoïsme est la cause de tous les maux.

Il y a dans la Nature des lois agissant sur nous, même si nous ne les connaissons pas, parce que ce sont des lois absolues. Si quelqu'un viole une de ces lois, les conséquences se répercutent immédiatement sur lui et l'obligent à obéir à la loi quoiqu'il arrive.

Nous connaissons presque toutes les lois de la Nature, celles des degrés végétatif, animé, ainsi que celles de notre corps. Cependant, dans les relations personnelles, nous avons tort de penser qu'aucune loi n'existe. En fait, nous ne pouvons comprendre les lois d'un certain degré tant que nous ne nous y trouvons pas. Nous ne pouvons apprendre ces lois que si nous les observons d'un niveau supérieur. C'est la raison pour laquelle nous ne sommes pas à même d'établir un lien net – évident – entre notre attitude égoïste vis-à-vis d'autrui et les événements négatifs qui se produisent dans nos vies.

L'utilisation adéquate de l'ego

Le fait que l'ego crée un déséquilibre dans la Nature ne signifie pas que nous devons le supprimer. Il faut simplement savoir s'en servir correctement. Au cours de l'histoire, l'humanité a maintes fois essayé de juguler l'ego ou de le diminuer artificiellement dans le but de parvenir à l'égalité, l'amour et la justice sociale. Les révolutions et les changements sociaux se sont succédé, mais tous ont échoué, car l'équilibre ne peut s'obtenir qu'en ajustant correctement toute la puissance des forces de réception et de don sans réserve.

Au chapitre précédent, nous avons vu que la loi pour tous les organismes vivants est une union altruiste entre les éléments égoïstes. Ces deux éléments contradictoires – l'altruisme et l'égoïsme, le don et la réception – existent dans toute matière, créature, phénomène et procédé.

Sur le plan matériel, émotionnel, ou à tout autre niveau, vous serez toujours en présence de deux forces et non d'une seule. Elles se complètent, s'équilibrent et se manifestent sous forme de paires : électrons et protons ; anode et cathode ; répulsion et attraction ; acide et basique ; haine et amour. Chaque élément de la Nature maintient une relation de réciprocité au sein du système auquel il appartient ; ces relations combinent harmonieusement don et réception.

La Nature aspire à nous octroyer la perfection, une félicité illimitée. À cette fin, elle a introduit en nous un désir de plaisir. Il n'est pas nécessaire d'annihiler l'ego, nous avons simplement besoin de le corriger ou, plus exactement, de changer le mode d'utilisation de nos désirs de plaisir ; de le faire passer d'une approche égoïste à une approche altruiste.

La mise en œuvre correcte de toute la puissance du désir de plaisir présent en nous ne peut se faire que sous sa forme corrigée. Qui plus est, l'ego est notre Nature ; de ce fait, nous ne pouvons aller contre lui ni essayer de le limiter. Ce genre d'action serait contre nature, et entreprendre une telle tentative serait *de facto* impossible.

Si notre situation actuelle ne reflète pas que la Nature souhaite notre bonheur, c'est parce que notre ego n'a pas terminé son développement, à la différence des autres degrés de la Nature.

C'est ainsi que l'explique le Baal HaSoulam dans son article « De l'essence de la religion et de son but » : « Tout ce que nous voyons dans la nature nous indique que la création peut se diviser en quatre groupes – minéral, végétal, animal et humain – et qu'elle est guidée, en général comme en particulier, par une finalité. Il s'agit d'une croissance lente et progressive de développement avec " un avant et un après " ; ainsi le fruit sur l'arbre est bien guidé dans le but de devenir un fruit beau et sucré.

Il suffit de demander à un botaniste par combien d'étapes passe ce fruit entre le moment où il est visible, jusqu'à ce qu'il atteigne sa maturation ; non seulement les étapes par lesquelles il passe ne nous laissent présager en rien du beau fruit sucré qu'il deviendra, mais au contraire, comme pour nous narguer, il sera à l'opposé. En fait, plus un fruit sera sucré à la fin, plus il sera amer et repoussant dans les étapes de son développement. »

En vérité la perfection de la Nature n'est pas visible tant que chaque créature n'a pas atteint sa forme finale. En ce qui concerne les êtres humains, notre situation actuelle n'est pas complète ni finale. C'est la raison pour laquelle elle nous semble négative. Cependant, comme pour l'exemple du fruit sur l'arbre, rien en nous ne doit être détruit ni n'y a été placé en vain.

La force de l'ego est une merveille. C'est par son intermédiaire que nous nous sommes développés jusqu'à présent et que nous atteindrons la perfection. L'ego est la force qui nous pousse en avant et qui nous permet d'évoluer infiniment. Sans l'ego, nous ne nous serions jamais développés en tant que société humaine ni ne nous serions distingués en quoi que ce soit des animaux. Grâce à lui, nous ne pouvons plus nous satisfaire des plaisirs éphémères et familiers, mais nous désirons atteindre ce qui se trouve au-delà.

Nous devons donc trouver l'astuce qui nous permette de nous servir de notre ego intelligemment pour progresser vers des relations altruistes. La méthode nous permettant d'y parvenir est la sagesse de la Kabbale. Elle tient son nom du mot hébreu « *Kabbalah* » qui signifie recevoir. *Ainsi, la sagesse de la Kabbale est la sagesse qui consiste à recevoir le plaisir parfait, le plus parfaitement possible.*

La Kabbale n'implique pas la suppression de nos tendances naturelles égoïstes. Au contraire, elle reconnaît leur existence et explique comment nous en servir le plus favorablement et positivement possible afin de parvenir à la perfection.

Lors de notre progression, nous devons harmonieusement combiner tous les penchants et les éléments qui sont en nous. Par exemple, nous pensons que l'envie, la volupté et l'ambition sont des termes négatifs. À ce propos, il est écrit : « La jalousie, la volupté et l'ambition font sortir l'homme du monde. » (Traité des Pères, IV, 28)

En revanche, ce qui est moins connu, c'est la signification intrinsèque de cette maxime. L'envie, la volupté et l'ambition détournent l'homme de notre monde vers un monde plus élevé, vers un degré supérieur de la Nature. Cependant, il existe une condition pour que cela se réalise : orienter les penchants naturels dans une direction positive et bénéfique afin d'atteindre l'équilibre avec la force altruiste de la Nature.

LA CRISE EST UNE OPPORTUNITÉ DE RÉTABLIR L'ÉQUILIBRE

« En chinois, le mot "crise" s'écrit avec deux sinogrammes ; l'un veut dire danger, et le second signifie opportunité. En période de crise, il faut prendre garde au danger, tout en reconnaissant l'opportunité. »
John Fitzgerald Kennedy, *extrait d'un discours prononcé le 12 avril 1959, à Indianapolis*

La Nature aspire à l'équilibre. Tout ce qu'elle entreprend a pour objectif le respect de l'équilibre. Prenons par exemple une éruption volcanique ; la pression intérieure du magma s'accroît sans cesse jusqu'à ce que l'écorce terrestre ne puisse plus maintenir l'équilibre, et une éruption se produit, rétablissant l'équilibre entre la pression souterraine et terrestre. C'est ainsi que la Nature rétablit l'équilibre.

Les lois de la physique et de la chimie expliquent que l'unique raison du mouvement de la matière ou d'un objet est la recherche d'équilibre. Pour atteindre cet équilibre, des phénomènes tels que les variations de pression, de concentrations, de températures, des flux marins, et de dissipation du chaud et du froid sont créés. Le langage scientifique nomme l'état d'équilibre « *l'homéostasie* » (du grec *homéo*, similaire, et *stasie*, état). L'homéostasie « se définit comme la capacité de l'organisme à maintenir un état de stabilité relative entre les différentes composantes de son milieu interne, et ce, malgré les variations constantes de l'environnement externe ».

Or, au niveau humain, l'homéostasie requiert une participation consciente. C'est pourquoi tant que nous ne savons pas qu'une attitude égoïste envers autrui nous nuit, et qu'elle nuit au monde, nous ne pouvons pas être tenus responsables. La Nature vient donc nous aider en nous signalant le déséquilibre. Ce dernier nous conduit à une compréhension de la crise générale, crise liée à notre développement égoïste.

Le but de la crise est de nous faire réaliser que nous avons emprunté le mauvais chemin et que nous devons changer notre trajectoire. La crise n'est donc pas une punition, mais elle tend à nous conduire à la perfection.

En tout état de cause, il n'y a pas de punition dans notre monde parce que nous ne sommes pas coupables d'être nés égoïstes. Tout ce qui est dans notre monde n'y est qu'en vue de notre développement.

Nous ne devons pas oublier que les êtres humains, qui sont essentiellement un désir d'éprouver du plaisir, ne peuvent pas faire le moindre mouvement, s'ils n'éprouvent pas une sensation de manque. Autrement dit, nous n'entreprenons quelque chose que si nous voulons satisfaire un désir. De ce fait, le mouvement n'est qu'en vue d'une satisfaction future. Lorsque nous manquons de quelque chose, nous sommes mécontents, nous souffrons et commençons à partir à la recherche de solutions. Tel est notre processus de développement et de progression.

La crise est la découverte des « défauts » que la Nature a intentionnellement placés en nous. Ceux-ci nous permettent de les « corriger » par nous-mêmes, et d'ainsi nous élever. Autrefois, il y a des centaines et des milliers d'années, l'humanité souffrait parce qu'elle ne pouvait pas en comprendre les causes. Désormais, nous sommes prêts à en connaître la raison et à apprendre que ces souffrances nous montrent la nécessité d'acquérir les attributs de l'altruisme, les attributs de don et d'amour de la Nature.

La Nature peut donc demander à l'homme moderne « s'il réagit adéquatement vis-à-vis de ce qui lui arrive ». De nos jours, avec les souffrances, la Nature amène l'homme à prendre conscience de sa raison d'être.

Jusqu'à présent, nous nous sommes comportés très simplement avec la Nature : celle-ci nous a poussés à nous développer, faisant apparaître des désirs et suscitant une course dans différents domaines pour les satisfaire : la culture, l'éducation, la science et la technologie.

Aujourd'hui, cependant, nous avons atteint une impasse et sommes obligés de faire une pause et d'entreprendre une introspection. En fait, c'est le moment opportun où nous avons la possibilité d'examiner nos désirs. À partir de là, nous sommes tenus de poursuivre cet examen. Nous ne pouvons plus continuer à développer notre conscience uniquement si elle a pour but la meilleure réalisation de nos désirs, nous devons commencer à penser à ces derniers sous une nouvelle perspective. Il convient de se demander : « En tant qu'être humain, j'ai des désirs. Quel en est le sens, et quelle est leur finalité ? » Chacun de nous se doit d'entreprendre un examen de conscience.

Il s'avère que la force de la Nature est une force altruiste constante, dont la pression immuable et permanente nous oblige à nous harmoniser avec elle. La seule chose qui change et grandit selon le « programme » établi est l'ego en nous. Plus l'ego s'accroît, plus la force de la Nature intensifie le déséquilibre, ce qui se traduit par une pression, un malaise et des souffrances, ainsi que des phénomènes déplaisants et des crises.

L'intensité de la pression dépend du degré de notre déséquilibre. C'est pourquoi, dans le passé, la souffrance et le malaise étaient moindres, car l'ego lui-même était petit. Aujourd'hui, nous voyons qu'il s'accroît quotidiennement.

Il s'ensuit que nous seuls déterminons le degré d'intensité de souffrance ou de bonheur que nous vivons, tout dépend de notre niveau de déséquilibre avec la Nature. Autrement dit, le fait d'être la seule partie non intégrée d'un système intégral est la cause de toute souffrance, l'origine de toutes les adversités et des crises.

Lorsque nous relierons toutes les manifestations de crises individuelles et collectives à l'ego humain – la cause du déséquilibre dans le système –, nous serons alors en mesure d'avancer vers la solution. Lorsque nous aurons atteint la compréhension de la souffrance à sa source et son objectif, de tels maux seront considérés comme bénéfiques, une force de progrès.

Ainsi, la crise n'en est pas une. Il s'agit d'un état avancé dans la progression humaine, qui pour l'instant nous paraît négative. Cependant, si nous modifions notre attitude, notre conscience, et que nous regardons cela sous un autre angle, nous verrons que ce que nous considérons comme une crise relève plutôt d'une opportunité exceptionnelle.

5

RESPECTER LA LOI DE LA NATURE

« *Il est impossible de bien s'avancer dans une carrière, lorsque le but n'est pas bien fixé et déterminé.* »
Francis Bacon, *Novum Organum, Aphorisme 81*

Le but de la vie

La force générale qui fait vivre et maintient la Nature est une force altruiste. Cette force pousse toutes les parties de la Nature à vivre en tant qu'une seule entité en équilibre et en harmonie. Lorsque ces parties parviennent à cet état, elles atteignent l'union appelée « la vie ». L'union existe à tous les degrés, sauf chez l'homme, c'est pourquoi ce dernier se doit au cours de sa vie, et en toute indépendance, de parvenir à cette union. C'est ce à quoi tend la Nature en nous guidant ainsi.

Une union de ce genre ne peut s'acquérir qu'en adoptant un comportement altruiste vis-à-vis d'autrui, elle s'exprime par une disposition à se consacrer au bien-être des autres. Cette attitude offre une félicité parfaite parce qu'elle crée une union avec autrui, l'homme parvient ainsi à un équilibre avec la loi générale de la Nature et s'y intègre totalement.

Nous sommes les seules créatures qui n'agissent pas selon l'union mutuelle, et c'est pourquoi nous ne ressentons pas la « vie ». Certes, nous sommes « en vie » au sens superficiel du terme, mais l'avenir nous apprendra que le terme « vie » réfère à un mode de vie bien différent.

La voie qui conduit à la réalisation du but de la vie consiste en une longue phase d'évolution égoïste qui s'étend sur plusieurs milliers d'années. Au terme de cette période, nous « démystifierons » l'idée que l'ego puisse contribuer à notre bonheur et découvrirons que *l'accroissement* de l'ego est la base de toute notre infortune !

Notre prochaine étape est la réalisation de notre appartenance à un seul système. Nous devons commencer à nous conduire vis-à-vis d'autrui selon la loi de l'altruisme et nous unir pour ne former qu'un seul corps.

Au début, nous le ferons uniquement pour échapper aux problèmes quotidiens, et en contrepartie, nous ressentirons un apaisement de la souffrance dans chaque aspect de notre vie. Nous acquerrons ainsi une nouvelle façon de penser nos vies. Cependant, au cours du processus, nous découvrirons que le plan que la Nature a préparé à notre intention comprend bien plus que la vie quotidienne. Si le plan se terminait ainsi, la Nature aurait placé en nous ce programme d'équilibre, l'attribut altruiste, comme elle l'a fait avec toutes les autres créatures.

En vérité, nous avons été créés avec une Nature égoïste uniquement pour que nous parvenions à comprendre par nous-mêmes que la forme actuelle de l'ego nous est nuisible, car elle est en totale opposition avec l'unique attribut de la

Nature. La quête d'équilibre nous mènera progressivement à reconnaître les mérites de l'altruisme, cet attribut d'amour et de don.

Comme nous l'avons déjà évoqué, chaque élément de la Nature agit en faveur du système dans lequel il vit. Cependant, cet équilibre est instinctif au niveau matériel. La différence entre l'homme et les autres degrés de la Nature, c'est que l'homme est un penseur ; et la puissance de la pensée est la force la plus puissante de la réalité.

La force de la pensée transcende toutes les forces inanimées, telles la gravité, les forces électrostatiques, magnétiques et les forces radioactives. Elle est également supérieure, d'une part, aux forces de croissance et d'évolution du niveau végétal et, d'autre part, aux forces d'attraction et de prudence du niveau animal. La puissance de la pensée est même bien au-delà de la force des désirs égoïstes humains.

Ainsi, nous voyons qu'au degré minéral, végétal et animal, l'attitude adéquate d'un élément vis-à-vis du système s'exprime au niveau matériel, alors que pour l'homme, le niveau nécessitant une correction est celui des pensées et du comportement vis-à-vis de son prochain. Le *Zohar*, un des livres de base de la sagesse de la Kabbale, rédigé il y a environ 2000 ans par Rabbi Shimon Bar Yochaï, dit : « Tout se clarifie en pensée. » (*Zohar*, 2ème partie, point 254)[17]

L'expression de l'égoïsme, en fait, c'est notre opposition inhérente à l'idée de nous unir avec autrui pour ne faire qu'un. En revanche, tout mouvement intérieur de l'homme, dans son cœur et dans ses désirs, en vue de ressentir autrui comme faisant partie intégrale de lui, est considéré comme altruiste. Pour répondre aux normes d'équilibre entre nous et la loi de l'altruisme dans la Nature, nous devons atteindre la situation dans laquelle nous voulons éprouver du plaisir, non pas en contrôlant autrui ni en abusant de lui, mais au contraire, en établissant des relations altruistes, en faisant partie intégrante d'un même système.

Le processus de changement de notre source de plaisir égoïste en plaisir altruiste se nomme « *Tikoun* » (réparation) de l'ego, ou tout simplement *Tikoun*. Ce procédé repose sur la construction d'un nouveau désir en nous, un désir d'acquérir l'attribut de l'altruisme.

Pour progresser dans le processus de réparation, nous devons utiliser la puissance de la pensée. Dans son article « Une pensée est la conséquence du désir », le Baal HaSoulam explique que nos désirs de plaisir prédéterminent nos pensées futures.

Par exemple, il dit que nous ne pensons pas aux choses qui contredisent notre désir, comme le jour de notre mort. Nous ne pensons qu'à ce que nous voulons, le désir activant alors la pensée, engendrant les pensées qui faciliteront la réalisation de nos désirs.

Cependant, le Baal HaSoulam continue et dit que la pensée est dotée d'une caractéristique particulière : elle peut prendre une direction opposée. Autrement dit, elle peut accroître le désir. Si nous éprouvons un petit désir pour quelque chose et que nous y pensons, ce désir grandira. Plus nous y penserons, plus le désir grandira.

Cette capacité donne naissance à un cycle d'intensification, dans lequel le désir croissant intensifie la pensée et celle-ci intensifie à son tour le désir. C'est avec ce mécanisme que nous construisons un plus grand désir pour quelque chose ; intellectuellement nous en comprenons l'importance, mais sentimentalement, il n'occupe pas encore la place qui lui revient au sein de nos nombreux désirs. De cette manière, nous permettons au désir d'acquérir l'attribut de l'altruisme comme étant le centre de nos désirs.

Une question se pose : « Comment pouvons-nous accroître nos pensées altruistes d'union si elles ne sont le désir le plus important en nous ? Après tout, jusqu'à présent, il existe en nous de nombreux désirs, et certains sont si puissants, si réels et tangibles, que nous y pensons sans cesse. » Ou plus précisément, « Comment pouvons-nous mettre cette roue pensée–désir–pensée en mouvement ? »

C'est ici qu'entre en jeu l'influence de notre environnement social. Si nous réussissons à construire un environnement adéquat comme source de nouveaux désirs et de pensées, celui-ci intensifiera notre quête pour atteindre l'attribut altruiste de la Nature. En raison de l'importance du milieu social dans lequel l'homme évolue, nous consacrons les deux prochains chapitres à ce sujet.

Que devons-nous faire ?

Nous devons commencer à penser aux avantages escomptés lorsque l'équilibre avec la force de la Nature sera atteint, admettre que notre futur en dépend. Nous devons concentrer nos pensées sur le fait que nous sommes une seule entité, intégrée à un système dans lequel d'autres personnes se trouvent, peu importe où elles se trouvent, et commencer à nous identifier à cette entité.

Un bon comportement altruiste est d'orienter nos intentions et nos pensées sur les autres, ainsi que de nous préoccuper de leur bien-être. Lorsque nos pensées sont dirigées vers notre prochain, nous souhaitons que tout un chacun reçoive tout ce dont il a besoin pour vivre décemment. Cependant, au-delà du bien-être matériel, nous devons concentrer nos pensées sur l'éveil des gens, et ce afin qu'ils élèvent leur niveau de conscience. Nous devons vouloir que chaque personne se sente appartenir à un tout, et qu'elle agisse en conséquence.

C'est le premier travail intérieur au niveau de la pensée et il est le plus important. Il est primordial d'entretenir cette pensée et de refuser qu'elle sorte de notre esprit, comme nous en avons l'habitude. Nous devons accorder une importance telle à ces pensées que notre bonheur et notre plénitude en dépendent. C'est grâce à elles que nous résoudrons nos problèmes et ferons face aux adversités. Au premier abord, cela semble abstrait, mais notre avenir prometteur dépend précisément et uniquement de cela.

En plus d'un comportement intérieur altruiste envers les autres – au niveau de la pensée –, nous pouvons également agir de façon altruiste : nous pouvons partager notre connaissance sur le but de la vie et la façon de l'atteindre. Si nous donnons ce savoir à autrui et qu'il devient partenaire dans la prise de conscience du problème, si nous partageons les mêmes pensées et la même vision pour ce qui est de la solution, alors nous effectuerons un changement rapide et positif dans ce système auquel nous appartenons. Il en résultera que notre prise de conscience s'intensifiera davantage, et nous ressentirons immédiatement des changements positifs dans nos vies.

Une personne qui modifie son attitude envers les autres engendre un changement dans toute l'humanité. En fait, nous pouvons représenter les relations entre un individu et l'humanité par l'analogie suivante : vous et toute l'humanité faites partie d'un seul système. Cependant, les autres membres de l'humanité sont entièrement dépendants de votre façon d'agir sur eux. Le monde entier est entre vos mains. C'est ainsi que la réalité s'agence chez chaque individu.

Pour comprendre cela, imaginez un cube avec sept milliards de strates, ce qui correspond environ à la population mondiale. Chaque couche représente une personne et est activée par cette dernière. Dans chaque couche, il y a sept milliards de cellules, dont une est votre représentation. Le reste des cellules symbolise la réunion des autres en vous. Le système de la Nature est ainsi construit. En d'autres termes, chaque personne est intégrée dans les autres ; de ce fait, nous sommes tous liés les uns aux autres.

Si vous corrigez votre attitude, ne serait-ce que vis-à-vis d'une seule cellule dans votre strate, vous avez réveillé votre partie chez les autres, et ainsi créé un changement positif dans chaque individu. Vous avez rapproché ceux qui désirent corriger leur attitude envers les autres.

Ce changement touchera plus d'une personne. Il affectera tout le niveau de la personne, y compris toutes les autres cellules qui y sont intégrées. Qui plus est, toutes les autres cellules ont leur propre strate dans le cube, et ainsi, ces dernières sont désormais éveillées.

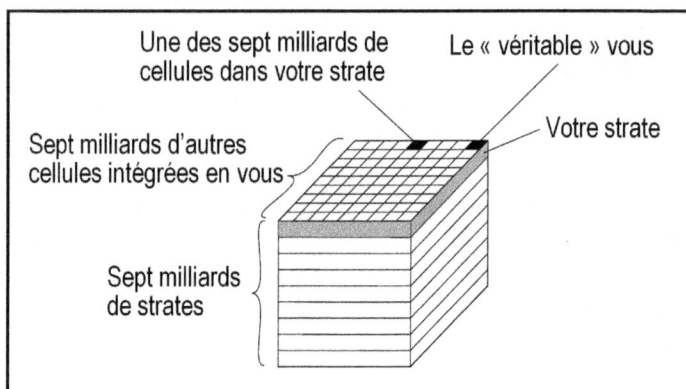

L'intégration d'un individu
dans le système intégral de la Nature.

Dans les faits, lorsqu'une personne corrige sa propre attitude envers les autres, cela induit une chaîne d'événements, un processus inconscient, des changements positifs se traduisant par une prise de conscience chez les gens. De telles interactions entre les zones du cube encouragent la progression de toute l'humanité vers la réparation et l'intégralité.

Nous devons garder à l'esprit que l'humanité est pour l'instant en contradiction avec la Nature altruiste. C'est pourquoi, même en effectuant le plus petit changement qu'il soit, nous rapprochons un peu plus l'humanité de l'équilibre. Ce redoublement d'équilibre signifie la diminution du déséquilibre ainsi que la baisse de phénomènes négatifs.

Les personnes qui n'ont pas encore corrigé leur comportement vis-à-vis d'autrui ne le ressentiront pas pour le moment, tandis que celles qui ont entrepris ce changement le percevront immédiatement. C'est pourquoi plus nous aspirerons à de telles pensées et actions en faveur d'une appartenance à un seul système, plus rapide sera la transition vers un monde bienveillant, heureux et agréable.

La puissance de la pensée humaine a un impact considérable sur la réalité, le kabbaliste Rabbin Abraham Isaac HaCohen Kook écrit à ce propos dans une lettre (page 60) : « Une très grande habitude est requise pour ressentir la puissance de la vie et la réalité de la force de la pensée, pour connaître le pouvoir du concept et la maîtrise de la vie, ainsi que la force de la réalité de la pensée. Et pour consciemment comprendre que plus la pensée est positive et pure, plus l'homme et le monde s'élèvent et se purifient et se raffinent. Toutes les facettes de la réalité, qui sont toujours sous la coupe de la force de la pensée, leurs ascensions et leurs chutes dépendent de l'élévation et de l'abattement de la puissance de la pensée humaine. »

Lorsque la pensée s'élève, l'homme peut corriger sa relation avec autrui, il acquiert de nouvelles aspirations.

- *Kessef* (argent) du mot hébreu *Kissouf* (languir). Une personne désire posséder les désirs d'autrui et s'enquérir de leur satisfaction, telle une mère avec son enfant qui se réjouit de satisfaire les besoins de ce dernier.

- Le respect : respect mutuel entre les gens. L'homme considère les autres comme égaux à lui.

- L'instruction : désir d'apprendre de tous afin de comprendre leurs besoins, de s'unir avec eux et de parvenir à être en équilibre avec la Nature. Il en résulte que la personne est récompensée par la compréhension et par la sensation de la pensée altruiste qui englobe la réalité : la pensée de la Nature. Elle accède au plus haut degré dans la Nature, la perfection.

Plus facile qu'il n'y paraît

Le processus de réparation par lequel nous modifions notre source de plaisir, en passant d'une satisfaction égoïste à une satisfaction altruiste, semble à première vue compliqué. En vérité, la réalité est différente de notre première impression. Le Baal HaSoulam dans son article « La paix dans le monde » dit : « À première vue, le plan semble utopique, comme étant au-dessus de la nature humaine. En approfondissant le sujet, nous nous apercevrons que la contradiction entre la réception pour soi et le don sans réserve envers les autres n'est qu'une question psychologique. »

L'expression « question psychologique » ne signifie pas que le problème doit être résolu par des thérapeutes ; au contraire, elle indique que le problème se trouve dans notre attitude interne vis-à-vis de la prise de plaisir. Nous nous sommes accoutumés à nous délecter de plaisir avec une satisfaction égoïste ; il nous est difficile d'adhérer à l'idée qu'il soit possible d'éprouver du plaisir en empruntant d'autres voies.

Il nous semble plus facile de suivre notre ego plutôt

que de le corriger, de ne rien faire et de se laisser bercer par le flot de la vie, selon l'expression « *que sera sera* ». La vérité est toute autre. Bien que nous n'en soyons pas conscients, notre ego, en qui nous avons tant confiance et sur lequel nous comptons toujours pour nous conduire à un état optimal, n'est pas vraiment « nous ». En vérité, l'ego est comme un tyran en nous, il nous séduit par ses demandes. Nous avons tout simplement pris l'habitude de penser que ces demandes étaient les nôtres et que notre ego agissait pour notre bien.

Nous devons reconnaître que l'ego nous domine, sans nous demander notre avis, il nous dupe et nous fait marcher en nous faisant croire que *nous* voulons vraiment certaines choses, alors qu'en fait c'est *lui* qui les désire. Lorsque nous réalisons la quantité d'efforts et d'énergie investie pour satisfaire les exigences de notre ego et que nous contemplons la minuscule contrepartie obtenue, nous considérerons alors l'ego sous sa forme actuelle – non réparée – comme le pire des tyrans.

Le Baal HaSoulam dit que si les gens comparaient les efforts fournis avec le plaisir de leur vie actuelle, ils découvriraient que « la douleur et la souffrance qu'ils endurent pour obtenir leur subsistance sont de nombreuses fois plus grandes que le peu de plaisir qu'ils éprouvent dans cette vie. » (Introduction au Talmud des dix séfirot, point 3). Or, ces faits nous sont dissimulés.

Notre ego se cache et se revêt en nous comme si nous étions identiques. Il nous interpelle, encore et toujours, et veut des plaisirs égoïstes. Cependant, en vérité, notre essence est de nous délecter simplement et non égoïstement comme nous le pensons. Autrement dit, « notre » ego n'est pas vraiment le nôtre et il nous appartient d'effectuer cette distinction.

Le jour où nous y parviendrons, et désirerons acquérir l'attribut altruiste pour être en équilibre avec la Nature, nous ressentirons immédiatement la réaction positive de la Nature. Nous remarquerons également qu'il existe une différence notable entre les efforts fournis en vue d'actions égoïstes et ceux en vue d'actions altruistes. Dès que l'homme a acquis les attributs de la Nature, les actions altruistes entreprises ne nécessitent plus d'énergie ni d'effort. Au contraire, elles sont faites avec facilité et aisance, engendrant des sensations d'exaltation, de félicité et de satisfaction.

En réalité, les actions altruistes ne nécessitent pas d'énergie, elles la génèrent. La raison est que la force altruiste agit comme le soleil, qui brille et est un générateur immuable d'énergie infinie. En revanche, la force égoïste désire toujours recevoir et posséder, d'où son déficit constant.

Nous pouvons comparer ce phénomène à l'anode et à la cathode d'une pile électrique. Dès l'instant où l'électrode s'identifie à la force positive, elle ressent l'énergie et s'exécute, ses capacités devenant illimitées. Elle devient comme une source jaillissante qui crée et libère sa propre énergie.

C'est pourquoi le Baal HaSoulam dit que le problème est uniquement d'ordre psychologique – parvenir à se détacher des spéculations égoïstes, qui ne sont positives qu'en apparence, et les remplacer par des calculs altruistes. Nous serons alors certains que notre désir de recevoir éprouvera immédiatement un plaisir illimité, puisque les vrais plaisirs se fondent sur une relation altruiste avec autrui.

Un long chemin et un court chemin

Le but de notre vie est d'acquérir les attributs de l'altruisme. La loi d'évolution de la Nature, à travers l'égoïsme, nous y pousse inexorablement. Le but de la Nature est de nous faire comprendre que nous devons nous réparer et nous parfaire au moyen d'une prise de conscience, de comprendre et d'accepter le processus de changement de notre attitude envers les autres. C'est la raison pour laquelle nous disposons tous d'un choix entre deux voies :

1. Avancer dans le processus de développement, c'est-à-dire admettre que notre nature égoïste est nuisible, opposée à l'attribut de la Nature lui-même – l'altruisme –, et apprendre la méthode qui permet de la corriger.

2. Attendre d'être happé par les coups, subir des pressions en raison du déséquilibre, ce qui nous obligera à rechercher une méthode pour corriger notre nature égoïste, qu'on le veuille ou non.

La réparation de l'ego en fuyant les pressions et la souffrance est assurée. Cependant, nous avons la possibilité de choisir, au préalable, notre processus de développement, de comprendre et de contrôler notre ego. En agissant de la sorte, nous serons rapidement et sans douleur en équilibre avec la loi générale de la Nature : la loi de l'altruisme de don et d'amour. Ces deux voies d'évolution se nomment « la voie de la correction » et la « voie de la souffrance ».

Il n'existe pas de doute quant au « vainqueur », les lois de la Nature seront respectées inévitablement. Mais la question demeure : comment allons-nous procéder ? Si nous choisissons de progresser vers l'équilibre de notre propre gré, avant que les souffrances ne nous y poussent, nous serons heureux. Autrement, nous subirons des épreuves qui nous happeront par-derrière, nous donnant ainsi une motivation différente. Il est intéressant de noter qu'en latin le mot désignant la motivation est *stimulus*, qui est un facteur susceptible de provoquer un changement rapide chez le sujet observé.

Il semblerait que pour connaître l'état d'équilibre avec la Nature, qui est le meilleur état existant, nous devions au préalable expérimenter l'état contraire, le pire qui existe. Il en est ainsi parce que nous percevons les choses à travers deux antagonismes : la lumière face aux ténèbres, le noir face au blanc, l'amertume face à la douceur, etc.

Cependant, il existe deux voies possibles pour connaître le mauvais état. La première est de s'y trouver et la seconde est de se l'imaginer. C'est pourquoi nous avons été créés avec deux caractéristiques : une émotionnelle et une cérébrale.

Nous disposons de la faculté d'imaginer les conséquences terribles d'une absence totale d'équilibre entre la Nature et nous, sans avoir besoin de les vivre à nos dépens, comme il est écrit : « Qui est judicieux ? Celui qui voit le futur. » (Talmud de Babylone, Tamid, XXXII, 1)

Si nous sommes en mesure d'imaginer le pire avant qu'il ne se produise, nous pourrons ainsi empêcher de souffrir effroyablement et nous accélérerons le rythme de notre développement. La diffusion de la connaissance sur la cause de toutes les crises et de tous les problèmes, ainsi que sur les solutions envisagées pour améliorer notre vie, accélérera l'avancée de l'humanité sur le chemin de la réparation.

Le changement de notre attitude envers autrui conduit toute la Nature à l'équilibre

Nous pouvons facilement constater qu'en modifiant notre comportement envers les autres, nous parvenons à résoudre les problèmes socio-humains. Ce qui signifie la fin des guerres, de la violence, du terrorisme, et la fin de l'antagonisme général entre les peuples.

Cependant, la même crise touche la Nature à d'autres niveaux : les minéraux, les végétaux et les animaux. Qu'adviendra-t-il d'eux ? Comment leur situation pourra-t-elle s'améliorer ? Il semblerait que pour traiter adéquatement la terre, l'eau, l'air, les plantes et les animaux, nous devons agir directement sur eux. Il est, par conséquent, surprenant de voir que la méthode de correction de la sagesse de la Kabbale se concentre sur les relations humaines, dont dépend l'état général de la Nature. Se pourrait-il que la réparation des liens égoïstes entre les hommes ait également une répercussion sur les autres degrés et résolve, par exemple, les catastrophes écologiques et la carence en ressources naturelles qui nous menacent ?

Il nous appartient de savoir que la force altruiste de

la Nature est une force unique et indivisible. Mais vis-à-vis de nous, elle se répartit en une Nature minérale, végétale, animale et humaine. Autrement dit, il existe dans la Nature quatre degrés différents pour nous influencer.

Au niveau minéral, elle nous touche au travers du sol ; au niveau végétal, nous sommes sous l'influence des plantes et des arbres ; au niveau animal, elle nous influence par l'entremise des animaux ; et au niveau humain, elle agit sur notre corps au travers de notre environnement social. Cependant, il s'agit toujours de la même force. Ce ne sont que nos sens, comme nous le verrons plus loin, qui effectuent une répartition entre plusieurs degrés et forces.

Pour atteindre le point d'équilibre ultime avec la force altruiste, il convient que nos pensées, désirs et intentions soient identiques. Ce niveau d'équilibre se nomme « le degré parlant ». Si nous nous aimions les uns les autres, si l'humanité existait en tant qu'une seule entité, et si nous étions tous unis comme les éléments d'un seul organisme, nous créerions alors un équilibre entre nous et nous verrions apparaître cette force d'un degré supérieur.

C'est pour cette raison que cette force maintiendra l'équilibre de tous les niveaux inférieurs. Ainsi, toutes les manifestations négatives du déséquilibre – la souffrance et les famines que nous connaissons de nos jours à tous les niveaux (minéral, végétal, animal et humain) – cesseront.

Or, même si nous nous équilibrions avec les forces de la Nature aux degrés inférieurs à celui de l'homme, par exemple en corrigeant notre attitude vis-à-vis des minéraux, des végétaux et des animaux, nous serions toujours en déséquilibre avec ces degrés. Ainsi, si nous déclarions aimer la Nature et ne plus vouloir la détruire (les terres, la couche d'ozone, etc.), nous parviendrions à un équilibre au niveau minéral, mais non aux niveaux végétal, animal et parlant, degrés dans lesquels le déséquilibre serait maintenu.

Certes, un changement se produira de la part de la force de la Nature. Cependant, il ne sera pas significatif. Il restera limité. Si l'homme aimait également la Nature au niveau végétal, l'équilibre avec ce degré augmenterait. Il en résulterait que notre condition aurait légèrement progressé, elle serait plus facile et plus tranquille. Il en serait de même si nous adoptions la même attitude envers le degré animal de la Nature.

Tout ceci n'est pas comparable à l'équilibre au degré parlant. Nous, les hommes, appartenons à ce niveau. C'est pourquoi nous devons parvenir à équilibrer le degré parlant qui est en nous.

Nous pouvons comparer cette situation à celle d'un adulte qui, dans la vie, se conduit comme un enfant qui ignore ses talents et ses possibilités. En prenant une telle attitude, l'adulte n'est pas en synchronisation avec la manière dont la Nature traite chaque personne : en conformité avec le potentiel de progression placé en elle, même si la personne ne le met pas en œuvre.

La Nature aspire à tout équilibrer, cela ne se pourra que lorsque l'homme se comportera avec altruisme envers autrui. C'est pourquoi la loi de l'équilibre qui actionne tous les processus de la réalité nous pousse à l'équilibre. Au niveau parlant, elle ne nous permettra pas de vivre bien et en toute sécurité si nous n'agissons qu'aux niveaux inférieurs au sien.

Ainsi, tant que l'homme n'établit pas un lien altruiste avec ses semblables, l'influence immuable de la force de la Nature continuera d'être perçue par nos sens, à différents degrés, comme négative. C'est pourquoi, lorsque nous tentons de résoudre un problème particulier, par exemple les problèmes écologiques, il émergera de toutes parts de nombreuses difficultés, et ce, à un rythme effréné.

Nous ne pouvons pas nous permettre de traiter les degrés inférieurs de la Nature et espérer fuir le vrai problème : la correction des relations égoïstes humaines. L'avenir de toute la Nature dépend précisément de la réparation des relations avec autrui. Si nous voulons vraiment améliorer le sort de la Nature, il convient d'œuvrer en ce sens.

Les hommes sont la seule créature à qui la Nature a conféré un libre choix, ce dernier n'existe qu'au niveau de la correction des relations humaines. L'équilibre de tous les degrés de la Nature dépend exclusivement de la mise en œuvre de ce choix.

Tout ce qui se produit dans le monde dépend exclusivement de l'homme, c'est ce que le *Zohar* explique (*Zohar, VaYirka*, point 113). Tout ce qui existe et se produit en l'homme n'a qu'un seul but : l'aider à établir une relation adéquate avec ses semblables et à acquérir l'attribut de l'altruisme de la Nature. C'est ainsi que viendra la solution à tous nos problèmes, que nous permettrons à la Nature d'exister sous sa forme réparée, en parfait équilibre, en harmonie et en perfection.

Dans son livre *Entre rationalisme et mysticisme* (page 170), le Rav Kook se sert des mots suivants pour décrire cet état : « La force de la création et de direction mondiale s'est exécutée de manière parfaite [...] Cependant, il existe un petit élément qui n'est pas corrigé [...] Et sa complétude dépend de celle de tout être humain. Ce petit élément est en fait l'âme humaine, sous sa forme désirée, et il mime sa spiritualité. Cet élément, l'homme doit le corriger pour parvenir à parfaire l'être humain. »

Les lois de la Nature, telles que nous les présentons ici, sont des lois cachées que les kabbalistes ont découvertes en étudiant la totalité de la Nature. Ils ont indiqué comment résoudre tous les problèmes liés à notre existence. Bien que ces lois ne puissent être vérifiées, ils parvinrent néanmoins à les expliquer avec logique et conviction. Finalement, c'est à l'homme de décider s'il les accepte ou non.

De cette manière, la Nature souhaite que nous gardions notre indépendance, notre faculté de choisir si nous voulons, ou non, trouver la cause du dysfonctionnement de ces lois (ce qui est ressenti comme une influence négative de la Nature.)

Si les choses étaient fixées préalablement, clairement et sans équivoque, comme des faits immuables, cela nous aurait ôté la possibilité de choisir librement, ce qui est notre seul moyen de réaliser notre unique potentiel au niveau parlant. Sans ce libre choix, nous serions alors descendus au niveau animal, un degré entièrement géré par la Nature. La Nature nous a placés dans un état de dissimulation pour nous permettre de le parfaire nous-mêmes, ainsi que de construire en nous l'ensemble du degré parlant. Si nous mettons correctement en œuvre notre opportunité de libre choix, alors nous réussirons.

6

LA ROUTE VERS LA LIBERTÉ

Chacun d'entre nous se perçoit comme un individu unique, doté d'une liberté d'action. Ce n'est pas une coïncidence si depuis tant de siècles l'humanité a lutté pour obtenir une certaine liberté individuelle. Le concept de liberté touche toutes les créatures. Nous pouvons observer combien les animaux souffrent lorsqu'ils sont en captivité, sans liberté. C'est une preuve tangible que la Nature ne supporte pas l'esclavage des créatures.

Aujourd'hui, nous ne comprenons que vaguement le concept de liberté. Si nous l'examinons plus attentivement, il n'en reste pratiquement plus rien. C'est pourquoi, avant de vouloir une liberté individuelle, nous devons tous savoir ce que sont les concepts de liberté et d'aspiration à la liberté. En tout premier lieu, nous devons nous demander si l'individu est capable d'agir librement.

La vie est une guerre incessante pour trouver une formule afin de vivre mieux. Qui ne s'est jamais posé la question sur ce que nous maîtrisons, et inversement ? Il semble que dans la plupart des cas les « jeux sont faits », et nous continuons à agir comme si les choses dépendaient de nous.

La notion de liberté agit sur toute vie, comme une loi naturelle. C'est la raison pour laquelle toute créature tend à la liberté. La Nature, toutefois, ne fournit pas d'information sur les actions grâce auxquelles nous sommes libres de choisir. Elle ne nous donne que *l'illusion* d'un libre choix.

Ainsi, la Nature nous laisse dans l'incertitude et complètement désarmés. Qui plus est, pour ce qui est de changer quoi que ce soit en nous ou dans la vie en général, elle engendre la désillusion. La Nature procède de cette manière pour que nous cessions de courir et prenions le temps de penser à la question : « Sur quoi pouvons-nous avoir de l'influence ? » En connaissant les éléments qui nous forgent de l'intérieur et de l'extérieur, nous serons à même de comprendre comment la Nature nous permet de prendre en main notre destin.

Plaisir et souffrance

Le plaisir et la souffrance sont les deux forces qui dirigent notre vie. Notre nature inhérente – le désir de se délecter – nous encourage à suivre un précepte prédéterminé : recevoir un maximum de plaisir tout en fournissant un minimum d'effort. Nous sommes donc contraints de choisir le plaisir et de fuir les peines. Dans ce cas, nous ne différons en rien des animaux.

La psychologie admet qu'il est possible de changer les préférences d'une personne. On peut nous apprendre à effectuer différents calculs de rentabilité. Nous pouvons également chanter les louanges du futur à tout un chacun pour qu'il accepte de vivre une certaine expérience, sachant qu'à la clef, il sera gagnant.

Par exemple, nous sommes prêts à investir énormément dans les études pour acquérir une profession ; celle-ci nous fera gagner beaucoup d'argent ou nous fera accéder à la respectabilité. Tout n'est qu'une question de rentabilité. Nous calculons les efforts à fournir en vue des plaisirs escomptés. Si nous obtenons un excédent de plaisir, alors nous agissons en vue de l'obtenir. Nous sommes tous construits ainsi.

La seule différence entre l'homme et les animaux réside dans le fait que l'homme peut envisager un but futur et accepter d'endurer des souffrances, des épreuves en vue d'une récompense. Si nous prenons un particulier, nous verrons que toutes ses actions proviennent de ce calcul, ces dernières étant, en fait, effectuées malgré lui.

Certes, le désir de plaisir nous pousse à fuir les souffrances et à choisir le plaisir. Or, nous ne savons pas quel *genre* de plaisir nous voulons. Cette situation vient du fait que ce sont les autres qui nous dictent nos désirs.

Chaque personne vit dans un environnement particulier avec ses lois et sa culture. Ce dernier fixe les règles de notre comportement telle, par exemple, l'attitude à adopter dans tous les aspects de la vie.

En vérité, nous ne choisissons pas notre façon de vivre : nos domaines d'intérêts, nos loisirs, notre mode d'alimentation ou la mode vestimentaire que nous suivons. Tout est fixé par les fantaisies et les modes de notre société. Qui plus est, nous ne suivons pas forcément ce qu'il y a de mieux dans la société, mais ce qui tend à s'exprimer en plus grand nombre. En fait, nous sommes enchaînés aux manières et aux goûts de la société, ceux-ci sont devenus nos normes de comportement.

Tout ce que nous entreprenons n'a pour seul but de gagner la considération de la société. Même lorsque nous voulons être différents, faire quelque chose d'original ou acheter un objet introuvable, voire même nous isoler de la société, nous faisons tout cela pour gagner la considération de la société. Les pensées telles que « Que va-t-on dire de moi ? » et « Que va-t-on penser de moi ? » sont les facteurs les plus importants à nos yeux, même si nous le nions et les repoussons. Après tout, les accepter signifierait nous annihiler.

Comment parvenir au choix ?

Une question se pose : comment parvenir au libre choix, et en disposons-nous vraiment ? Pour y répondre, nous devons préalablement comprendre notre essence et sa composition. Dans son article « La Liberté », écrit en 1933, le Baal HaSoulam explique que chaque objet et chaque personne se composent de quatre facteurs. Pour les expliquer, il prend l'exemple de la croissance d'une graine de céréale. Cet exemple est pertinent, car il est facile de suivre son développement et de comprendre le principe dans sa totalité.

1. Le premier élément : notre essence intrinsèque

Le premier élément est l'essence intrinsèque de chaque objet. Il peut prendre différentes formes, mais en lui-même, il ne change jamais. Par exemple, la graine de céréale, en se décomposant, perd sa forme matérielle dans le sol. Lors de la repousse, elle conservera son essence intérieure. Le premier facteur, l'essence, le programme, notre code génétique, est en nous tel un point de départ. C'est pourquoi nous ne pouvons pas le changer ni avoir aucune influence sur lui.

2. Les attributs immuables

Les lois de développement de l'essence ne changent jamais. De ce fait, les qualités de chaque objet sont immuables. Par exemple, une graine de céréale ne produira que des céréales à partir de sa forme précédente, celle qu'elle a perdue lors de la décomposition.

Ces lois et attributs dérivent de la nature même de l'essence et de la forme prédéterminée à laquelle elle aspire. Chaque graine, chaque animal, chaque homme a en lui, dans son intériorité, les lois de son développement. Tel est le deuxième élément sur lequel nous ne pouvons avoir aucune influence.

3. Les attributs modifiables par l'environnement

Une graine reste la même, son aspect extérieur change selon l'environnement extérieur. Autrement dit, en touchant les éléments externes et selon des règles bien définies, « l'enveloppe » de l'essence change en qualité.

L'influence de l'environnement externe ajoute davantage d'éléments à l'essence et, ensemble, ils produisent une nouvelle qualité à partir de la même essence. Ces éléments peuvent être le soleil, le sol, les engrais, l'humidité et la pluie. Bien sûr, en fin de processus, la même céréale poussera, mais la question est de savoir quelles difficultés de croissance elle a rencontrées et quelle sera sa qualité.

Si nous appliquons cet exemple à une personne, l'environnement extérieur sera les parents, les professeurs, les amis, les livres et le message diffusé par les médias. Le troisième élément de notre développement est donc constitué par l'environnement, lequel peut en partie modifier le mode de développement d'un individu.

4. Les modifications de l'environnement qui touchent l'objet

L'environnement qui influence le développement de la graine de céréale est lui-même influencé par les éléments extérieurs. Ceux-ci peuvent changer du tout au tout. Une sécheresse ou une inondation, par exemple, détruira complètement la graine. En ce qui concerne l'homme, ce quatrième facteur provoque des modifications de l'environnement lui-même. Pour être plus précis, ces modifications changeront les attributs de l'individu, ce dernier étant incapable d'exercer une influence directe sur lui-même.

Ces quatre facteurs définissent l'état général de chaque objet, leur caractère, leur mode de pensée et leur processus de déduction. Ils déterminent même ce que nous voulons et notre mode d'action pour y parvenir, et ce à tout moment. Dans son article « La Liberté », le Baal HaSoulam a longuement discuté de chacun de ces facteurs et est parvenu aux conclusions suivantes :

- Nous ne pouvons pas changer notre code génétique, notre essence ;

- Nous ne pouvons pas changer les lois gérant l'évolution de notre essence ;

- Nous ne pouvons pas changer les lois relatives au développement extérieur des éléments ;

- Nous ne pouvons que changer d'environnement, duquel nous dépendons entièrement, en en choisissant un qui soit plus adéquat pour parvenir au but de la vie.

En d'autres termes, nous ne sommes pas capables d'exercer une influence directe sur nous-mêmes, car nous ne savons pas définir notre essence ni son mode de développement. Nous ne pouvons pas changer les lois de notre environnement. Cependant, nous pouvons influer sur notre vie et notre destin en améliorant notre environnement. Notre seul libre choix réside dans le *choix d'un environnement adéquat.* En provoquant un changement dans nos conditions de vie et en améliorant notre environnement, nous modifions l'impact de ce dernier sur nos attributs, et ainsi nous pouvons influencer notre avenir.

À tous les niveaux de la Nature (minéral, végétal, animal et humain), seul l'homme peut choisir en toute conscience un environnement qui définira ses désirs, ses pensées et ses actions.

Le processus de réparation est ainsi basé sur les relations de l'individu avec l'environnement. Si celui-ci dispose de bases solides pour se développer, il pourra parvenir à des résultats spectaculaires.

7

RÉALISER NOTRE LIBRE CHOIX

En résumant les quatre facteurs qui nous composent, nous voyons que nous sommes finalement régis par deux sources : l'élément avec lequel nous sommes nés, et les données que nous recevons de notre environnement durant notre vie.

Il est intéressant de noter que la science est parvenue aux mêmes conclusions. Depuis les années quatre-vingt-dix, un domaine d'étude relatif au comportement génétique s'est développé en science. Cette spécialité vise à chercher des liens entre les gènes et la personnalité cognitive, le comportement de l'homme dans différentes situations : colère, goût de l'aventure, timidité, violence et désir sexuel.

Un des pionniers dans ce secteur fut le Professeur Richard Abstein, directeur en chef du département de recherche de l'hôpital psychogériatrique Herzog de Jérusalem, en Israël. Le Pr Abstein affirme que les gènes déterminent 50 % de notre personnalité et que le reste est fixé par l'environnement.

Puisque nous ne pouvons pas changer notre structure intrinsèque, nous devons alors nous tourner vers le second élément dont dépend notre développement : notre environnement. La seule chose à faire pour progresser et réaliser nos buts dans la vie est de choisir un environnement qui nous y encourage.

Dans « La Liberté », le Baal HaSoulam explique : « C'est pourquoi celui qui s'efforce de choisir continuellement un meilleur environnement mérite louange et récompense. Mais ici aussi, non pas à cause de ses bonnes pensées et de ses bonnes actions qui lui sont venues sans qu'il les choisisse, mais parce qu'il s'est efforcé de s'entourer d'un bon environnement, qui lui amène ces bonnes pensées et ces bonnes actions. »

Les personnes qui aspirent à choisir et à créer un environnement adéquat pour se développer au mieux sont celles qui réalisent leur potentiel personnel. Comprendre ce principe nécessite un degré de prise de conscience élevé. Il semblerait que de nos jours, nombreux y soient déjà parvenus.

Si nous voulons transformer notre comportement, d'égoïste en altruiste, nous devons parvenir à un stade où notre désir de se dévouer au bien-être d'autrui et de s'unir avec lui est bien plus grand que nos propres désirs égoïstes matériels. Cette situation se produira uniquement si les valeurs prônées par notre environnement font de l'altruisme la valeur suprême.

Nous sommes des créatures égoïstes vivant en société, c'est pourquoi l'opinion publique est la chose la plus importante à nos yeux. Il s'avère que nous aspirons dans notre vie à être admirés et appréciés par la société. Nous sommes entièrement et involontairement influencés par l'opinion publique, nous sommes donc prêts à tout faire pour être appréciés, reconnus, respectés et admirés. C'est la raison pour laquelle la société peut inculquer une grande quantité de valeurs et de comportements à ses membres.

La société construit également les critères utilisés pour mesurer le respect et l'estime de soi. Ainsi, même si nous étions seuls, nous agirions selon les codes sociaux. En d'autres termes, même si personne ne savait que nous avions accompli un acte, nous agirions toujours pour être bien appréciés.

Pour commencer à établir un désir de se dévouer au bien-être d'autrui et de s'unir pour ne former plus qu'un au sein d'un seul système, nous devons vivre dans une société qui encourage une telle attitude. Si les gens autour de nous estimaient l'altruisme comme valeur suprême, chacun de nous la respecterait et l'adopterait naturellement.

Dans une situation idéale, l'entourage de l'homme devrait lui projeter ceci : « parvenir à l'équilibre avec la Nature, être bon envers autrui, envers l'unique système dont nous relevons. » Lorsque le désir altruiste sera manifeste au sein de notre entourage, nous adopterons cette valeur. Si nous rappelions sans cesse la valeur de l'altruisme et la respections où que ce soit, notre attitude envers autrui changerait. Progressivement, en y pensant davantage, nous désirerons davantage être un membre sain de ce système.

Nous ne pouvons pas nous changer directement. Cependant, nous avons la force d'améliorer notre environnement. Nous en sommes définitivement capables. Lorsque l'influence de l'entourage se modifie, nous changeons. L'environnement est l'ascenseur qui nous élève à un degré supérieur. De ce fait, la première phase à entreprendre pour atteindre le but de notre vie est de rechercher l'environnement le plus adéquat. Sous l'influence de ce dernier, nous avancerons indubitablement vers nos objectifs.

Nous avons déjà précisé que la puissance de la pensée est la force la plus puissante de la Nature. C'est pourquoi en aspirant à un meilleur environnement, notre force intérieure nous conduira vers un entourage dans lequel nous pourrons nous développer. En nous concentrant sur l'amélioration de notre environnement, nous aurons davantage de possibilités pour nous épanouir.

Si notre environnement est composé de personnes aspirant à vivre en équilibre avec la Nature, nous serons plus à même de suivre leurs exemples, d'obtenir un soutien et d'être encouragés. Ces personnes comprendront que nous les aimons et elles seront aidées à apprendre comment aimer. D'une part, chacun apprendra la signification de la ressemblance avec l'attribut de la Nature et, d'autre part, il se sentira bien en « baignant » dans cet amour. Dans ce genre d'environnement, nous nous sentirons en sécurité, heureux et sans soucis. La Nature conduit l'humanité vers ce mode de vie.

Imiter la nature

Nous pouvons commencer notre processus en reconnaissant que les attributs de la Nature, tels l'amour, le don, la préoccupation des besoins d'autrui, l'union, relèvent d'un seul corps. Il ne s'agit pas encore de la réparation intrinsèque de l'ego, mais c'est un début.

Nous pouvons nous inspirer de la Nature, comme les enfants imitent leurs parents. Même si les enfants ne comprennent pas toujours les actes de leurs parents, leur désir de leur ressembler fait qu'ils les imitent. Par exemple, si un petit garçon voit son père bricoler avec un marteau, il fera la même chose avec un marteau en plastique. De cette façon, il acquerra progressivement le savoir-faire de son père. En essayant d'imiter les attributs d'amour et de don de la Nature, ce mimétisme nous sera utile à un degré supérieur, degré auquel nous désirerons aussi parvenir intérieurement.

Le fait de prendre soin du bien-être d'autrui peut résulter de deux facteurs :

1. Le désir de respect et de reconnaissance de la société ;
2. La reconnaissance de l'amour et du don comme valeurs suprêmes, par-delà les attributs égoïstes.

Imiter la Nature, comme un enfant imite son père sans rien comprendre aux gestes effectués, signifie se soucier, avant tout, des autres. Un tel mimétisme est la base du mécanisme du développement et de la croissance. Nous ne pouvons pas vivre sans.

Au début, nous nous soucierons d'autrui, uniquement pour recevoir en contrepartie la reconnaissance sociale. Progressivement, nous ressentirons qu'une attitude altruiste est une chose extraordinaire et sublime, même si la société ne la valorise pas. Nous découvrirons qu'un comportement altruiste est une source de plaisir parfait et illimité ; en cela nous ressentirons la force de la Nature elle-même, la force parfaite et illimitée.

En d'autres termes, l'accomplissement d'efforts pour imiter la force de la Nature nous conduira à ressentir la perfection de la Nature. Ce sentiment engendrera des changements internes, nous réaliserons que les attributs d'amour et de don sont sublimes, supérieurs à nos attributs innés à des fins personnelles, et nous les voudrons.

C'est de cette manière que nous nous élèverons à un niveau supérieur à celui auquel nous avons été créés : le niveau de la force de la Nature. Nous y serons intégrés harmonieusement et parfaitement. La loi d'évolution de la Nature conduit l'humanité dans cette direction.

Une nouvelle direction

Dès l'instant où l'homme s'équilibre avec la force de la Nature, il amoindrit la pression exercée sur lui pour qu'il change. C'est pourquoi les phénomènes négatifs diminueront dans sa vie. En vérité, il s'avère que la force de la Nature ne change pas ; c'est l'homme qui change. Il en résulte que le changement crée une sensation de modification de l'impact de la force de la Nature.

Il s'avère que l'homme est construit de façon à lui faire croire que le changement est extérieur et non intérieur, car l'homme perçoit la réalité émotionnellement et intellectuellement. En fait, la force de la Nature est constante et immuable ; si nous nous identifions à elle, nous la ressentirons comme parfaite. En revanche, si nous nous y opposons, nous la ressentirons entièrement contre nous. Entre ces deux extrêmes existent des étapes intermédiaires.

De nos jours, l'antagonisme entre la force altruiste de la Nature et l'homme n'est pas de 100 %. En effet, l'ego humain n'a pas encore atteint son apogée ; ainsi, les phénomènes déplaisants que nous vivons ne sont peut-être pas les pires. C'est une des raisons de la non-reconnaissance, pour certains d'entre nous, de la crise mondiale.

Cependant, notre ego croît quotidiennement, ce qui intensifiera l'opposition entre la Nature et nous. Ce contraste nous obligera à progresser vers l'acquisition des attributs de l'altruisme, ceci afin de changer de direction et de nous épargner des souffrances.

Lorsque les gens accorderont plus d'importance à la correction de leurs relations humaines, dont leur vie même dépend, alors leur principale préoccupation sera l'opinion publique – qui influera alors sur tous les membres de la société. La formation d'un lien entre nous fera que tout homme, peu importe sa situation géographique, se sentira connecté à tous les êtres humains et dépendant d'eux. En premier lieu, tout individu commencera à penser à l'interdépendance des hommes et de l'humanité tout entière.

La science, et principalement la physique quantique, a démontré que la variation d'un seul élément affecte les autres. Dans son livre *Virage global : L'effondrement de notre monde est-il inévitable ?*, le Pr Ervin Laszlo décrit des expériences faisant partie de la routine journalière de la physique quantique. Ces essais montrent que les particules « savent » ce qui va arriver aux autres particules. En effet, l'information relative au changement en cours est immédiatement transmise.

Aujourd'hui, la physique quantique reconnaît qu'il existe une connexion mutuelle et constante entre les particules, même si ces dernières sont séparées dans l'espace et dans le temps. Ce phénomène concerne toutes les structures dans l'univers, des plus petites aux plus grandes.

C'est pourquoi la science moderne découvre que tout dépend des gènes et de l'influence de l'environnement. Nous sommes en train de « perdre » nos illusions, celles qui ont trait aux « je détermine et domine » et « j'analyse et décide ». Nous disposons ainsi d'une véritable opportunité de découvrir la vraie liberté. Nous pouvons sortir de l'esclavage de l'ego et acquérir l'attribut de l'altruisme en créant un environnement qui nous aide à imiter la Nature, exactement comme les enfants apprennent des adultes.

Les plus grands chercheurs ont toujours connu ce fait. En évoluant, nous découvrons la merveilleuse sagesse enfouie dans la Nature. Toutes nos découvertes n'ont servi qu'à réaliser que nous ne sommes rien d'autre qu'une branche de cette sagesse, qui s'ouvre à nous lorsque nous avons mûri et sommes prêts à la saisir.

C'est ce qu'exprima Albert Einstein dans une citation reprise dans sa nécrologie et publiée par le *New York Times* le 19 avril 1955 : « Ma religion consiste en une humble admiration envers l'Esprit supérieur et sans limites qui se révèle dans les plus minces détails que nous puissions percevoir avec nos esprits faibles et fragiles. Cette profonde conviction sentimentale de la présence d'une raison supérieure se révélant dans l'univers, voilà mon idée de Dieu. »

8

TOUT EST PRÊT
(POUR LE BUT DE LA VIE)

L'évolution des générations

La société moderne est une société égoïste. Cependant, elle est suffisamment préparée pour devenir altruiste. Il s'avère en fait que toute l'évolution humaine avait pour seul objectif de préparer cette génération à réaliser le but de la vie.

Dans l'article « La Paix », le Baal HaSoulam décrit l'évolution des générations comme suit : « [...] dans notre monde, il n'y a pas d'âmes nouvelles, comme c'est le cas pour les corps, mais seulement une quantité donnée d'âmes qui se réincarnent sur la roue de changement de forme et qui se revêtent chaque fois dans un corps nouveau, à une nouvelle génération. Ainsi, pour ce qui est des âmes, toutes les générations depuis le début de la Création jusqu'à la réparation finale sont comme une seule génération qui prolonge sa vie sur plusieurs milliers d'années, jusqu'à ce qu'elle se développe et soit corrigée comme elle devrait l'être. »

De génération en génération, les âmes ont accumulé

une somme de données qui nous ont conduits à notre niveau actuel de développement. Au terme de ce long processus, le degré parlant (humain) devra parvenir à un nouveau niveau, que nous appellerons « l'être parlant réparé ».

Pour comprendre l'essence de l'évolution des générations, nous pouvons comparer les informations intérieures à des bases de données. De telles bases de données sont présentes dans tout objet de la réalité et contiennent toutes les informations innées de la matière.

En vérité, nous vivons dans un espace doté d'une grande quantité d'informations sur tous les éléments. Ce champ de données se nomme « la pensée de la Nature » et nous vivons en son sein. Tout changement qui se produit dans chaque élément, comme les efforts pour se conserver, la métamorphose, les forces intérieures ou celles agissant sur d'autres éléments, les changements internes ou externes ; toutes ces modifications se produisent dans le champ de données.

À chaque génération, les gens recherchent une formule pour équilibrer leur existence et avoir une meilleure vie, une formule que la Nature ne leur a pas donnée. Ces recherches sont enregistrées comme de nouvelles informations dans leur base de données intérieure. Ces dernières, finalement, augmenteront progressivement.

Tout ce que nous apprenons au cours d'une génération en nous efforçant d'atteindre une vie meilleure, et de nous adapter à notre environnement, se transforme en tendances naturelles supplémentaires pour la prochaine génération.

Par conséquent, chaque génération est plus développée que la précédente.

C'est une évidence : les enfants s'adaptent plus facilement aux nouveautés que leurs parents, eux-mêmes à l'origine de ces inventions. Aujourd'hui, les petits enfants utilisent naturellement les téléphones portables et les ordinateurs, et ils apprennent très rapidement à s'en servir – ce qui n'est pas le cas de leurs parents.

Ainsi, de génération en génération, l'humanité acquiert un savoir et une sagesse, et elle progresse. Elle ressemble à un particulier qui a accumulé des centaines d'années d'expérience. Dans un article publié dans le livre *la Dernière génération*, le Baal HaSoulam écrit sur ce processus d'accumulation :

« L'opinion individuelle est comme un miroir où toutes les images et les actions avantageuses et nuisibles sont reçues. L'homme examine toutes ces tentatives, il choisit les bonnes et rejette les actes néfastes (appelé la "mémoire"). Par exemple, un marchand suit (en mémoire) tout son stock de marchandises avec lesquelles il n'a pas fait de bénéfice – et quelles en sont les raisons –, ainsi que celles qui lui ont fait gagner de l'argent. Elles sont classées dans sa mémoire tel un miroir de tentatives grâce auquel il choisira les marchandises qui lui rapportent de l'argent et rejettera le reste, et ce, jusqu'à ce qu'il devienne un commerçant couronné de succès. Chaque personne effectue le même genre de calcul dans sa vie personnelle ; idem pour le public, celui-ci est doté d'une intelligence, d'une mémoire et d'images communes dans lesquelles toutes les actions entreprises dans l'intérêt du public sont enregistrées. »

Le développement d'une base de données interne nous a conduits à un niveau de conscientisation, une étape préalable à la réalisation de notre antagonisme à l'égard de la force de la Nature. De ce fait, nous sommes prêts à entendre les explications relatives à notre création, et à comprendre quel est le but vers lequel nous devons tendre.

Le vide intérieur et le gouffre béant qui se trouvent en nous ne sont pas fortuits. Ils sont le résultat de la création d'un nouveau désir, pour l'humanité, de s'élever à un autre degré d'existence, celui de « l'être parlant réparé ». C'est une phase de développement par laquelle nous pouvons progresser consciemment vers la réalisation du but de la vie.

L'approche sociale de l'altruisme

La construction d'une société altruiste recevra un soutien inconditionnel du public du fait que chacun se considèrera comme un bon citoyen qui se soucie des autres et qui est disposé à aider. C'est ainsi que nous sommes conçus. En théorie, rien ne peut nous empêcher de déclarer que nous sommes égoïstes et que nous nous moquons d'autrui. Cependant, personne n'est fier de son égoisme.

La société apprécie naturellement ceux qui contribuent à son existence, c'est pourquoi tout individu aspire à paraître ainsi. Chaque particulier, société, politicien ou dirigeant aime se présenter comme altruiste. Qui plus est, personne n'encourage son prochain à être égoïste, sinon il sera perdant. C'est la raison pour laquelle même les plus grands égoïstes se présentent comme altruistes, non seulement pour être respectés en société, mais aussi pour profiter de l'altruisme des autres en retour.

Certes, il est vrai qu'il y a toujours des gens qui se déclarent égoïstes. Cela n'implique pas qu'ils soient fiers de profiter de la société, mais cela correspond plus à une attitude visant à se différencier, à attirer l'attention de la société en proclamant : « Regardez-moi bien, je suis différent. »

En fait, personne ne s'oppose ouvertement à l'essor de l'altruisme dans le monde. Certains individus encourageront activement l'altruisme, alors que d'autres le feront plus passivement. Mais en tout état de cause, personne ne peut s'y opposer. Au plus profond de nous, nous sentons bien que l'égoïsme tue et que l'altruisme est un élément positif qui engendre vitalité et vivacité. C'est pourquoi nous éduquons nos enfants afin qu'ils soient prévenants envers autrui, alors que nous-mêmes sommes égoïstes.

L'éducation des enfants, clef d'une nouvelle génération

Tout le monde aspire à donner à ses enfants les meilleures conditions pour être paré dans la vie. C'est la raison pour laquelle, instinctivement, nous les éduquons pour qu'ils deviennent altruistes. Il s'avère en fait que l'éducation des jeunes s'est toujours basée sur des valeurs altruistes.

Les parents élèvent leurs enfants pour qu'ils se comportent bien en société. Ils savent pertinemment que la cruauté à l'égard des autres peut blesser l'homme.

Nous voulons apporter à nos enfants une sécurité, et nous sentons que seule une éducation altruiste le permettra.

Ainsi, la confiance en soi ne dépend pas de l'individu, mais de son environnement. Ce dernier reflète l'attitude de l'homme à son égard, et tous les maux que nous subissons proviennent de l'environnement. Ainsi, en encourageant les valeurs altruistes, la société aura moins de chance de nous nuire.

Au cours de l'histoire, toute société, peu importe le pays, a toujours transmis à ses enfants des valeurs altruistes. Seul un individu doté de très grands pouvoirs, tel un dictateur ayant la main mise sur l'armée, peut contraindre ses enfants à apprendre la brutalité, le manque de respect, et la cruauté. Les enfants de ces pays auront besoin d'une grande protection pour survivre. Ils devront se méfier des autres et se protéger en utilisant la force militaire.

La bonne attitude envers les autres donne une sensation inégalable de sécurité, de paix et de tranquillité. C'est pourquoi nous essayons d'élever nos enfants selon ces valeurs. Il convient de signaler un point important : nos enfants, en observant notre attitude non altruiste envers autrui, deviennent à leur tour égoïstes.

Une éducation adéquate se base sur de bons exemples. La question est de savoir si nous montrons à nos enfants un exemple de comportement altruiste. La réponse est probablement négative, même si, très tôt, nous les avons élevés pour être altruistes.

Un enfant qui voit ses parents lui dire « fais ce que je

te dis, mais ne fais pas ce que je fais » considère ces propos comme vides de sens et mensongers. Plus les parents tenteront de montrer à leur enfant comment se comporter, plus ce sera peine perdue.

La crise que nous vivons actuellement et l'avenir incertain qui se présente à nous nous poussent à changer. Jusqu'à présent, nous avons appris à nos enfants à faire des choses, et ils n'ont pas suivi nos conseils. Aujourd'hui, nous n'avons plus le choix, nous devons changer notre attitude égoïste envers les autres.

Plus les gens se comporteront avec altruisme, plus nos enfants naîtront dans une nouvelle réalité et comprendront rapidement les choses qui pour nous furent difficiles. Ils reconnaîtront que nous faisons tous partie d'un seul système. Par conséquent, nos relations devront être altruistes. C'est la meilleure chose que nous pouvons faire pour nos enfants et pour nous-mêmes.

Egoïstes et altruistes

Certaines personnes ont des tendances naturelles à aider autrui. Ce fait est une préparation supplémentaire de l'humanité au processus de correction. En général, le sentiment d'empathie nous permet d'avoir un plus grand plaisir en présence d'autrui.

Il existe cependant des gens qui sentent autrui différemment. Ils ressentent les souffrances d'autrui comme les leurs, c'est pourquoi ils sont obligés de les aider, ce qui leur permet d'alléger leurs peines. Ces gens sont des

« égoïstes altruistes ». En deux mots, nous les appellerons « altruistes », bien qu'en fait, ils soient tout aussi égocentriques que des égoïstes qui ne ressentent pas les souffrances des autres.

Les égoïstes sont indifférents à la souffrance des autres, c'est pourquoi ils peuvent les manipuler comme bon leur semble. En revanche, les altruistes endurent les douleurs des autres ; à tel point que même leurs propos sont circonspects. Ces deux tendances proviennent de la Nature, c'est pour cela que ces personnes ne sont ni « bonnes » ni « mauvaises » ; elles sont tout simplement une évidence du respect des lois de la Nature.

Suivant le résultat des recherches entreprises sur la génétique du comportement par le Pr Abstein, il est possible de modifier une certaine séquence de gènes pour permettre à une personne d'être bonne avec autrui. Les chercheurs reconnaissent qu'il existe un système de récompense du comportement altruiste sous la forme de sécrétion de dopamine par le cerveau, laquelle procure une sensation de plaisir[18].

Environ 10 % de la population mondiale relève de la catégorie « égoïstes altruistes ». Le Baal HaSoulam explique ce phénomène dans les écrits de *La Dernière génération*, lesquels décrivent sa doctrine sociale et révèlent la forme de la future société corrigée. L'humanité a donc toujours été divisée en 90 % d'égoïstes et 10 % d'altruistes.

Les altruistes se soucient du bien-être de la société, de l'entraide dans différents domaines, par exemple avec les plus démunis. En fait, les altruistes se chargent de cas et de situations que la société délaisse, soit par manque d'intérêt, soit par manque d'empathie vis-à-vis des difficultés des autres.

Les organisations altruistes dépensent des fortunes et sont très actives sous différentes formes. Hélas, pour la plupart, l'aide apportée aux nécessiteux n'engendre pas de changement significatif dans leurs situations.

L'Afrique en est le parfait exemple. Dans le passé, avant que l'Occident n'interfère dans leurs vies, les Africains s'autosuffisaient. De nos jours, malgré l'aide humanitaire, ils meurent de faim. Toutes les sommes d'argent collectées ces dernières décennies n'ont rien changé à leur situation ; ils luttent toujours pour leur survie et sont toujours en déclin.

Les organisations altruistes ont presque tout essayé pour améliorer la face du monde. Or, ce dernier se dégrade toujours. Il est certes possible de continuer sur cette pente, mais il serait plus sage de faire une pause et de nous demander pourquoi nous n'arrivons pas à améliorer le sort de l'humanité.

La réponse se résume ainsi : tous les problèmes mondiaux, personnels et sociaux ont pour origine le déséquilibre de l'homme avec la Nature. Il est indiscutable que l'aide matérielle apportée à autrui est bénéfique à court terme, mais pour ce qui est du long terme, cette dernière n'encourage pas l'équilibre de l'humanité et ne s'attaque pas au problème à sa racine.

Il va de soi qu'il est préférable d'aider les personnes mourant de faim, mais parallèlement, après les avoir aidées à se redresser, il convient de leur faire prendre conscience du sens véritable de la vie.

Si nous souhaitons provoquer un changement positif dans le monde et en nous-mêmes, nous devons redéfinir « l'acte altruiste ». Les actions devraient être appréciées selon leur contribution à l'humanité ; selon qu'elles permettent un changement fondamental et le traitement des souffrances à la source.

La situation est comparable à celle d'une personne très malade et qui prend des tranquillisants au lieu de s'attaquer à la maladie elle-même. Entre-temps, cette dernière progresse et finit par l'emporter. Les actions qui ne s'attaquent pas à la source de tous nos problèmes sont insuffisantes et ne feront que permettre à la maladie de réapparaître sous une forme plus sévère.

Les actes sont considérés comme altruistes uniquement s'ils tendent à équilibrer l'homme avec la loi générale de la Nature, l'altruisme, et s'ils augmentent notre niveau de conscience à l'égard de l'unité du monde, un seul corps composé de tous les peuples, quelle que soit leur race ou leur nationalité. Il ne s'agit pas d'actes isolés pour aider les gens en détresse. Au contraire, ils veulent faire prendre conscience de l'urgente nécessité d'amener toute l'humanité (forte ou faible) à s'équilibrer avec la Nature.

C'est pourquoi la bonne volonté et les énergies altruistes doivent s'efforcer d'éveiller l'humanité quant à la source de ces problèmes, et quant à la façon de les résoudre. Ainsi la Nature, à travers les dix pour cent d'altruistes, nous aidera à utiliser cette force adéquatement et à réaliser l'énorme potentiel qu'elle recèle.

La division en quatre-vingt-dix pour cent d'égoïstes et dix pour cent d'altruistes existe dans toute l'humanité, mais également dans chaque être humain. Une des lois fondamentales de la réalité est que le « général et le particulier sont égaux ». Cela signifie que tout ce qui existe pour le général existe également dans chacune de ses composantes.

L'univers est un hologramme, comme l'a démontré Michaël Talbot dans son livre *L'univers est un hologramme*, un recueil de découvertes scientifiques traitant de ce sujet. Le Baal HaSoulam décrit la même loi dans l'article « Le secret de la conception et de la naissance » :

« Le général et le particulier sont réciproquement égaux, comme deux gouttes d'eau, tous deux apparaissent à la face extérieure du monde, c'est-à-dire dans l'état général de la planète, ainsi que dans son intériorité. Dans une molécule d'eau, même la plus petite – comme dans le monde en général –, nous trouvons tout un système solaire et galactique pour graviter autour. »

Cette loi montre que chaque personne, égoïste ou altruiste, est dotée de dix pour cent de forces altruistes et de quatre-vingt-dix pour cent de forces égoïstes (comme c'est le cas pour l'humanité.) La différence entre les gens s'explique par l'état individuel et intérieur de ces forces.

Chez un altruiste la force de don (égoïste) est active, et c'est l'inverse chez un égoïste. Cependant, dans chaque être humain existe une étincelle de don, et c'est pourquoi tout individu peut tendre à l'équilibre avec la force de la Nature. Après tout, c'est la raison pour laquelle ces forces sont présentes dès la naissance.

9

UNE RÉALITÉ PARFAITE ET ÉTERNELLE

« *L'homme se trouve où ses pensées se situent.* »
Baal Shem Tov

La perception de la réalité

La personne qui commence à mettre en œuvre tout ce que nous venons de décrire jusqu'à présent se considère comme faisant partie intégrante d'un seul système qui comprend tous les humains. Elle tend donc à transmettre cette connaissance à autrui et se construit un entourage d'un grand soutien. Elle développe progressivement en elle un désir authentique et puissant d'acquérir l'attribut de l'altruisme de la Nature. Le chemin à emprunter pour parvenir à un désir altruiste entier est parsemé d'aventures, transformant une vie monotone en vie pleine d'intérêt, avec une signification et une satisfaction ineffables. Lorsque l'homme a bâti en lui un réel désir altruiste, une nouvelle réalité s'ouvre à lui.

Avant de décrire quelle est cette réalité et comment l'homme la ressent, il convient de préciser ce que nous entendons par « réalité » et comment nous la percevons.

Ces questions semblent à première vue superflues, parce nous pensons tous savoir à propos de la réalité. La réalité est ce que je vois, ce qui m'entoure, comme les maisons, les gens, l'univers ; la réalité est ce que je peux toucher et percevoir, entendre, goûter et sentir. Telle est la réalité.

De nos jours, les choses ne sont pas aussi simples qu'on le croit. Au cours des années, les grands penseurs ont consacré leurs recherches à ce sujet, et avec le temps est apparue une approche scientifique évolutive de la perception de la réalité.

L'approche classique est celle de Sir Isaac Newton qui a déclaré que le monde existe de lui-même, indépendamment de l'homme. Peu importe si nous percevons le monde ou pas, si l'homme existe ou pas. Le monde existe et sa forme est immuable.

Avec le temps, le progrès de la science a permis une analyse du monde à travers les sens d'autres créatures. Les scientifiques ont découvert que les créatures perçoivent le monde différemment. Par exemple, chez une abeille, chaque ommatidie ne saisit qu'un point lumineux de l'image entière. Le rassemblement de tous ces points de lumière construit une photo granuleuse, en canevas, comme la trame des journaux ou des magazines. Un chien perçoit le monde au travers d'odeurs grâce à un puissant sens de l'odorat.

Plus tard, Albert Einstein découvrit que le changement de vélocité de l'observateur (ou de l'objet observé) engendre une vision complètement différente de la réalité sur l'axe espace-temps. Par exemple, imaginons qu'un pôle se déplace dans l'espace, que se passera-t-il si nous accélérons sa vélocité ? Selon Newton, le pôle apparaîtra identique à celui qui l'observe, la vitesse ne sera pas prise en compte. Selon Einstein, en revanche, le pôle semblera se rétrécir à mesure que la vitesse augmentera.

À la suite de ces deux découvertes, une approche plus progressiste vit le jour ; celle-ci prend en compte la personnalité du chercheur dans la perception du monde. De la même manière, dans des situations distinctes, les chercheurs perçoivent une image différente.

Dans les années trente, la physique quantique a révolutionné le monde de la science. Elle a déterminé que l'observateur influence l'événement observé. En fait, la seule question que le chercheur peut poser est : « Que montrent actuellement les instruments de mesure ? » Il est inutile d'essayer de rechercher le processus objectif qu'il engendre ni d'essayer de trouver à quoi ressemble la réalité objective.

Les découvertes de la physique quantique rassemblées avec celles effectuées dans différents domaines forment l'approche scientifique moderne de la perception de la réalité : le chercheur influe sur le monde, et donc, il influe sur l'image du monde qu'il perçoit. En d'autres termes, l'image du monde est une combinaison de la personnalité du chercheur et des attributs de l'objet observé.

La vie est en nous

L'actuelle émergence de la sagesse de la Kabbale nous

conduit encore plus loin. Il y a des milliers d'années, les kabbalistes découvrirent qu'en vérité, il n'existait pas une image du monde. Le « monde » est un phénomène vécu au sein de la personne et qui reflète la similarité entre les attributs individuels et les qualités de la force abstraite en dehors de lui, c'est-à-dire la force de la Nature.

Comme nous l'avons dit, la force de la Nature est entièrement altruiste. La similitude ou la différence entre les attributs de l'homme et ceux de la force de la Nature représente « l'image du monde ». Il en résulte que l'image de la réalité environnante dépend entièrement de nos qualités intrinsèques et nous pouvons la changer du tout au tout.

Pour mieux comprendre notre perception de la réalité, nous pouvons comparer une personne à une boîte fermée avec cinq capteurs : les yeux, les oreilles, le nez, la bouche et les mains représentant successivement la vue, l'ouïe, l'odorat, le goût et le toucher. L'image de notre réalité environnante est formée dans cette boîte.

Regardons de plus près le système auditif pour comprendre comment nos sens fonctionnent. Les ondes sonores atteignent le tympan et créent des vibrations à sa surface, des osselets se transmettent cette énergie et l'amplifient. Une énergie électrique est transmise au cerveau qui la « traduit » en sons et voix. Tous nos décryptages se font à l'intérieur du tympan, et tous nos sens opèrent de façon identique.

Ainsi, nous ne mesurons pas réellement ce qui se trouve en dehors de nous, la réponse se crée en nous. La fréquence des sons reçus, la vue, les goûts, tous dépendent de la sensibilité de nos sens. Nous nous trouvons dans une boîte « fermée » et ne savons pas, par conséquent, ce qu'il se passe vraiment à l'extérieur.

Les signaux perçus par tous nos sens sont gérés et transférés au centre de contrôle dans le cerveau, où l'information reçue est comparée avec les données existantes dans notre mémoire, là où les impressions antérieures ont été rassemblées. L'information est alors « projetée » sur un « écran » dans le cerveau, ce qui donne naissance à l'image du monde dans lequel nous vivons. De cette façon, nous ressentons où nous nous trouvons physiquement et ce que nous devons faire.

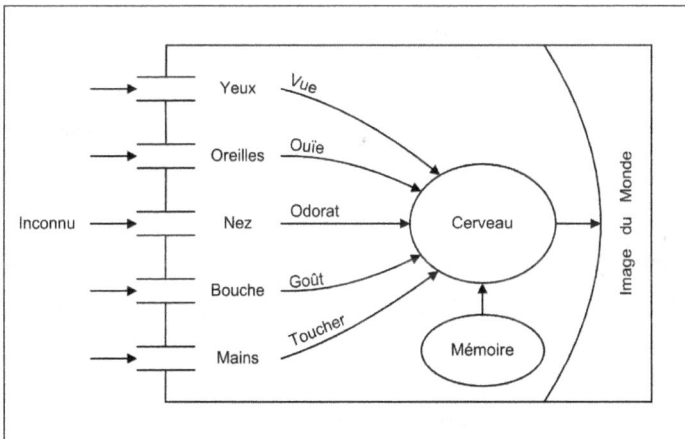

Dans ce processus, l'inconnu qui nous entoure devient quelque chose d'apparemment connu, ce qui crée une image interne de ce qui semble être la réalité extérieure. En vérité, il n'y pas d'image de la réalité extérieure, mais uniquement une image intérieure.

La science sait cela depuis fort longtemps et le Baal HaSoulam dans sa *Préface au livre du Zohar* décrit ces choses en ces termes : « Notre vue, par exemple, nous montre un monde impressionnant, remplit de merveilles. En fait, nous ne voyons pas cela sauf dans notre intériorité. En d'autres termes, dans notre cerveau antérieur se trouve une sorte d'appareil photo qui photographie tout ce qui se présente à nous, et non ce qui se trouve à l'extérieur de nous ! »

Il explique qu'il existe une sorte de miroir dans notre cerveau qui invertit tout ce que l'on voit et qui semble apparaître en dehors de nous. C'est pourquoi l'image de la réalité est le résultat de la structure de nos sens et des informations préexistantes dans notre cerveau. Si nous disposions d'autres sens, nous créerions une image entièrement différente. Il se peut même que ce qui nous semble actuellement comme lumineux nous apparaisse comme obscur, voire comme quelque chose d'impossible à imaginer pour le moment.

Nous savons que la science depuis fort longtemps peut stimuler un cerveau humain avec des chocs électriques. Ceux-ci combinés aux informations recueillies dans la mémoire engendrent une sensation d'exister à un certain endroit et dans une certaine situation. Qui plus est, aujourd'hui, nous pouvons remplacer nos sens par des dispositifs artificiels tels que des instruments électroniques. D'appareils auditifs qui amplifient l'ouïe et qui aident les personnes malentendantes, jusqu'à l'implantation d'électrodes chez les sourds, ces dispositifs sont nombreux.

Les yeux artificiels ont également été développés en

implantant des électrodes dans le cerveau d'un patient. Cet « œil » invertit des données auditives en données visuelles, ce qui implique le changement de sons en images. Un autre développement dans le traitement de la vue consiste à placer une petite caméra dans l'œil, laquelle remplace les rayons de lumière pénétrant dans la pupille grâce à des signaux électriques. Ces derniers sont transmis au cerveau, où ils sont « traduits » en images.

Nous voyons que ce n'est qu'une question de temps avant que nous parvenions à maîtriser tous les défis liés à la santé et à élargir la portée de nos sens, à créer des organes artificiels, voire tout un corps humain. Cependant, ici aussi, la vision du monde restera une image intérieure.

Il en résulte que tout ce que nous ressentons est intérieur. Cela n'a aucun rapport avec la réalité environnante. Qui plus est, nous ne pouvons dire s'il existe (ou non) une réalité à l'extérieur de nous, puisque notre image « de l'extérieur » est en nous.

Le plan de la Nature

Nos observations de la Nature ont montré que pour que la vie se forme et continue, chaque cellule de l'organisme et chaque composante du système doivent se dédier entièrement au profit du corps ou du système auquel elle appartient. Actuellement, la société humaine ne va pas dans ce sens, ce qui nous amène à poser la question : « Comment se peut-il que nous existions ? » Une cellule égoïste devient cancéreuse et tue tout le corps. Nous sommes une partie égoïste d'un seul système, et pourtant, nous vivons !

La réponse est que nos vies ne sont pas actuellement définies comme « vie ». L'existence de l'homme ressemble à n'importe quel autre degré de la Nature, dans le sens où elle est divisée en deux niveaux.

- Le premier niveau est celui dans lequel nous vivons. Nous nous sentons tous différents les uns des autres, c'est pourquoi nous n'apprécions pas autrui et tendons à l'exploiter à notre avantage.

- Le second niveau est celui de la vie corrigée, dans laquelle les gens agissent comme faisant partie d'un seul tout et s'aiment mutuellement, partagent, et vivent sereinement et éternellement.

Le second niveau est considéré comme la « vie ». Notre vie actuelle est une période transitoire destinée à nous conduire à l'éternité et à la correction par nous-mêmes. Les kabbalistes qui sont déjà parvenus au second niveau définissent notre vie présente comme une « vie imaginaire » ou une « réalité illusoire ». Lorsqu'ils regardent notre niveau, ils disent : « Nous étions comme des gens qui rêvent. » (Psaume 126,1).

Au début, la réalité nous est cachée, nous ne pouvons pas la percevoir. Ce phénomène est issu de notre perception de notre monde au travers de nos désirs, nos qualités intrinsèques. C'est pourquoi nous ne sentons pas que nous sommes un seul tout, car une telle image des relations sociales nous répugne. Notre désir de plaisir inné, égoïste, n'est pas intéressé par ce genre de relations, il ne nous permet donc pas de percevoir l'actuelle image de la réalité.

Plusieurs éléments ne sont pas perçus à l'heure

actuelle. Notre intellect sert nos désirs égoïstes et active nos sens à cette fin. C'est la raison pour laquelle nous ne pouvons pas ressentir si la vie est positive ou négative (et alors, s'en méfier dans le contexte d'un désir égoïste). Lorsque nous ressentons quelque chose, c'est toujours vis-à-vis de son utilité ou sa nocivité pour nous. Nos sens sont « programmés » ainsi et nous donnent une image de notre réalité.

Si nous voulons décrire correctement cette image, nous devons l'inverser et essayer de comprendre comment la réalité est perçue au travers d'un désir altruiste. Supposons que nous commencions à être « orientés », nous pourrions alors voir ce qui est bon pour autrui. Parvenus à cet état, nous pourrons regarder notre entourage différemment. À présent, tout ce que nous voyons du passé nous semble entièrement différent. Les kabbalistes décrivent cet état avec les mots suivants : « J'ai vu un monde à l'envers. » (Talmud de Babylone, *Pessahim*, L:71).

Lorsque nous construirons en nous un nouveau désir à l'effet d'être un élément en bonne santé au sein de l'humanité, de ressembler à la force altruiste de la Nature, nous commencerons alors à ressentir un nouveau système de perception des sensations, une réalité à mille lieues de notre système actuel. Ce système s'appelle « une âme ». Au travers de celle-ci, nous percevrons une nouvelle image du monde, celle du vrai monde dans lequel nous sommes tous unis dans un seul corps, comblés de plaisir éternel et de félicité.

Nous devons donc revoir et compléter notre définition du but de la vie, défini précédemment comme « l'union entre les gens ». Désormais, nous savons que le but de la vie est de nous élever consciemment et volontairement du niveau de notre existence illusoire au véritable niveau d'existence. Nous devons accéder à un état dans lequel nous nous regarderons, nous et notre réalité, non pas comme nous nous voyons actuellement, mais tels que nous le sommes vraiment.

Autrement dit, ce que nous ressentons à présent est une situation imaginaire née de nos récepteurs sensoriels égoïstes. Si nous nous efforçons de suivre le processus de correction et construisons en nous un désir altruiste, nos récepteurs sensoriels deviendront altruistes ; en eux, nous vivrons tout autrement.

La véritable situation est éternelle. Nous sommes tous unis dans un seul système doté d'un flux d'énergie et de plaisir incessant. Dans cet état, il existe un don mutuel, c'est pourquoi le plaisir est infini, parfait. En revanche, notre situation actuelle est éphémère et limitée.

Notre sensation de vie provient d'une petite étincelle de vie extraite de notre âme éternelle. Cette étincelle fait partie de la force bienveillante et altruiste de la Nature, qui pénètre nos désirs égoïstes, vit en eux, les maintient en vie, malgré leur dissimilitude.

La mission de cette étincelle est de nous maintenir au premier niveau de vie, le niveau matériel, jusqu'à ce que nous parvenions à ressentir la véritable réalité – la spirituelle. Il s'ensuit que la vie passagère est vécue comme un cadeau offert pour une période donnée, pour parvenir à une vraie vie. Dans celle-ci, nos sensations de vie ne seront plus de petites étincelles ; la force entière de la Nature, la force de don et d'amour, sera alors notre force de vie.

La réalité spirituelle ne se trouve pas au-dessus de nous dans le sens physique du terme. Il s'agit, en fait, d'une distinction qualitative. Pour passer de la réalité matérielle à la spirituelle, il convient d'élever un désir en vue d'une qualité altruiste, envers les attributs de don et d'amour de la Nature. Percevoir la spiritualité signifie percevoir notre union en un seul système ainsi que le degré supérieur de la Nature. Le but de la vie est de gravir vers la réalité spirituelle et de la vivre, tout en étant dans un corps physique, dans notre monde.

Selon le plan de la Nature, l'humanité a été créée uniquement avec la capacité de percevoir le premier niveau, l'imaginaire, et elle s'est développée ainsi au cours des millénaires. Durant cette période, l'humanité a amassé des informations et des expériences qui l'ont conduite à une prise de conscience : une vie égoïste ne fait pas le bonheur ; il convient donc de passer au second niveau, celui « d'une vie altruiste corrigée ». La crise globale du développement égoïste nous place à un point de transition entre deux niveaux de réalité.

Nous devons donc regarder notre situation comme historique. Nous sommes à un tournant. Nous avançons en vue d'une vie éternelle et parfaite, celle que la Nature a prédéterminée comme l'apogée de l'évolution humaine.

Le temps est peut-être venu d'expliquer que les plaisirs voulus de nos jours sont très différents de ceux qui satisfont une personne ayant acquis l'attribut altruiste de la Nature. Aujourd'hui, nous aspirons à des plaisirs en provenance de notre unicité, particularité et supériorité. Le désir égoïste ne peut se satisfaire que s'il lui manque quelque chose qu'il possédait avant ou que les autres possèdent. Ce plaisir nécessite des nouveautés incessantes, car dès l'instant où le plaisir est repu, le désir disparaît, comme nous l'avons expliqué dans le chapitre « Les limites du plaisir ». C'est pourquoi le plaisir cesse rapidement. Quand l'ego augmente en puissance, il conduit l'homme à ne se délecter que du malheur des autres.

Le plaisir altruiste est inverse. Il ne se trouve **pas en nous,** mais **dans les autres.** Nous pouvons comparer cela, au lien entre une mère et son enfant. Une mère aime son enfant, elle est heureuse de lui faire plaisir en lui donnant. Plus un enfant a du plaisir, plus la mère est heureuse. Lorsqu'une mère entreprend des efforts pour son enfant, elle ressent davantage de félicité que n'importe quel autre acte entrepris.

Naturellement, une telle satisfaction n'est possible qu'à la condition d'aimer autrui, et sa puissance dépend de notre appréciation de l'amour éprouvé pour notre prochain. L'amour, en fait, est la volonté de prendre soin des autres, de les servir. Une personne qui ressent que nous faisons tous partie d'un même système voit sa contribution comme sa mission, sa raison de vivre et sa récompense. C'est pourquoi il existe une différence considérable entre ces deux types de plaisir.

Une personne qui acquiert l'attribut de l'altruisme est dotée d'un « cœur différent » ainsi que d'un « intellect différent ». Les désirs et les pensées d'une telle personne sont vraiment différents des nôtres, c'est la raison pour laquelle sa perception de la réalité diffère de celle des autres.

En étant altruiste, une personne perd sa sensation d'être une cellule unique. Elle se relie à tout le corps et reçoit en retour ce dont elle a besoin pour subsister. Pour cette personne, l'unique système auquel nous appartenons prend vie et elle commence à ressentir la vie éternelle de toute la Nature, le flux d'énergie et le plaisir infini qui remplissent tout le système.

Nous ressentons la vie grâce à deux éléments : la raison et l'émotion. Lorsqu'une personne ressent et comprend les sensations et les raisons de la Nature éternelle, elle pénètre dans ce monde et y vit. Elle cesse de considérer sa vie comme provisoire. L'union avec la Nature éternelle fait que la sensation de vie continue, même après la disparition du corps biologique.

La mort du corps physique signifie que le corps cesse de percevoir la réalité. Les cinq sens ne transmettent plus les informations au cerveau, qui à son tour s'arrête de projeter l'image du monde matériel sur « l'écran » du cerveau antérieur.

Cependant, le système de la perception spirituelle de la réalité ne relève pas du niveau matériel de ce monde. Ainsi, une fois acquis, il continue d'exister même après la mort du corps. Les personnes qui ont dans leur vie ressenti le système spirituel avant leur décès découvrent que cette sensation reste également après la mort. Telle est la signification de « vivre par son âme ».

La différence entre ce que nous ressentons actuellement

et ce que nous pouvons ressentir est sans commune mesure. Pour essayer de décrire cette sensation, le *Zohar* la compare à la flamme d'une bougie et celle d'une lumière infinie, ou d'un grain de sable dans tout l'univers. La sensation de vie spirituelle est la réalisation du potentiel enfoui en nous, en tant qu'hommes, et il nous appartient d'y parvenir au cours de notre vie en ce monde.

Ouvrir grand nos yeux

Avant de finir ce chapitre, soumettons-nous à un petit exercice. Imaginez-vous dans une pièce plongée dans l'obscurité la plus totale. Il fait si noir que vous ne voyez rien. Le silence règne, pas un bruit, ni saveur ni objet à toucher. C'est un endroit vide et obscur. Vous y séjournez assez longtemps pour oublier tous vos sens, pour oublier même qu'ils existent.

Soudain, un effluve émerge et vous submerge, mais vous ne pouvez pas l'identifier avec précision. Progressivement, de nouvelles senteurs se mêlent à la première, certaines sont fortes ou faibles, d'autres douces ou aigres. Désormais, vous humez plusieurs odeurs, vous réalisez qu'elles viennent de plusieurs directions, de droite, de gauche, d'en haut et d'en bas.

Sans prévenir, des sons sont émis tout autour de vous, toutes sortes de bruits : de la musique, des mots, ou tout simplement un bruit. En vous servant des sons, vous pouvez vous orienter plus facilement. Vous pouvez évaluer les distances et deviner la source des odeurs et des sons perçus. À présent, vous disposez d'un monde entier d'odeurs et de sons.

Après un certain temps, vous sentez une nouvelle sensation, quelque chose vous effleure. Après quoi, vous touchez plusieurs objets. Certains sont froids, chauds, secs ou humides, solides ou flexibles, et il y en a d'autres dont vous n'êtes pas certains. Quand certains de ces objets parviennent à votre palais, vous éprouvez une nouvelle sensation : ils ont tous un goût différent.

Désormais, vous vivez dans un monde de sons, de fragrances, de sensations et de saveurs. Vous pouvez toucher d'autres objets et connaissez ce qui vous entoure. Si vous ne disposiez pas de ces sens, vous n'auriez pas pu imaginer qu'un monde si riche existait tout ce temps.

Tel est le monde des aveugles de naissance. Si vous étiez à leur place, penseriez-vous que vous avez besoin de voir ? Penseriez-vous qu'il vous manque un tel sens ? Pas du tout !

Nous pouvons dire que nous ne ressentons pas le monde spirituel pour la même raison, car nous n'avons pas d'âme. Nous vivons nos vies sans même savoir qu'il existe une dimension spirituelle que nous ne ressentons pas. Notre monde actuel nous suffit. Jour après jour, année après année, de génération en génération, nous naissons, vivons, jouissons, souffrons, puis mourons. Tout au long de cette période, nous ne sommes pas conscients qu'il existe une autre dimension à la vie, une dimension spirituelle.

Ce processus aurait continué éternellement si nous n'avions pas commencé à ressentir en nous un vide, une absence de signification et une apathie. La réalisation de tous nos désirs ne nous satisfait plus, la sensation de manque persiste. La vie et ses nouveautés ne suffisent plus. En fait, tout cela est plutôt déprimant, c'est pourquoi nous préférons refouler ces sensations. Après tout, que pouvons-nous faire ? Nous vivons tous ainsi.

De ces sensations émerge actuellement un nouveau désir, un désir d'éprouver du plaisir d'une provenance supérieure et sublime, d'une source au-dessus de tout ce qui nous entoure, une source inconnue. Si nous voulons vraiment réaliser le désir qui se manifeste en nous, nous découvrirons que c'est un désir pour quelque chose au-delà de ce monde.

Le réveil d'un tel désir se produit chez beaucoup d'entre nous et est accompagné d'une sensation de vide ; ce sont des étapes naturelles préétablies par le plan de la Nature. Ce désir crée une sensation qu'il existe quelque chose au-delà de ce qui nous est familier, et notre curiosité nous pousse à l'appréhender. Si nous laissons ce désir nous guider et écoutons les voix de nos cœurs, nous nous éveillerons à une nouvelle réalité[19].

10

L'ÉQUILIBRE AVEC LA NATURE

Ce chapitre pourrait paraître hors sujet, cependant son analyse nous aidera à éclaircir les sujets examinés précédemment dans cette partie du livre.

Aujourd'hui, quand les individus et la société rencontrent des difficultés, un phénomène de retour à la Nature apparaît. Certains le considèrent comme un moyen de procéder à des changements et espèrent ainsi améliorer leur vie. En fait, la question à nous poser est la suivante : existe-t-il un lien entre l'équilibre avec la Nature et le retour à la Nature ? En d'autres termes, le retour à la Nature nous permettra-t-il de parvenir à l'équilibre avec elle ? Ce chapitre se concentrera sur ces questions et sur des sujets similaires.

Le retour à la Nature consiste à vivre en harmonie avec elle, comme le faisaient nos ancêtres. Les adeptes du retour à la Nature aspirent à un environnement moins pollué, à produire de la nourriture biologique, et à retourner vivre à la campagne. Ce phénomène prend différentes facettes, mais elles ont toutes une idée centrale : l'homme doit se rapprocher de la Nature pour vivre en équilibre et se sentir mieux.

En étudiant comment les anciennes tribus vivaient,

nous avons découvert que plus elles étaient proches de la Nature et de ses racines, plus elles ressentaient facilement la force d'amour de la Nature. À ce propos, je voudrais citer une conversation que j'ai eue avec la primatologue et anthropologiste, Jane Goodall, qui a consacré sa vie à l'étude des chimpanzés et vit avec eux depuis très longtemps. Ses recherches ont reçu de nombreuses récompenses, dont le Trophée d'Excellence de l'Encyclopédie Britannica, la médaille Hubbard pour Distinction, Découverte et Recherche de la National Geographic Society, et le prix Albert Schweitzer.

Lorsque je lui ai demandé quelle est la découverte qui l'a le plus impressionnée, elle m'a répondu qu'après de longues années à vivre dans la Nature, elle a ressenti la force de l'amour inhérente de la Nature. Elle m'a dit qu'elle a commencé à ressentir et à être attentive à la Nature, ce qui lui a fait ressentir l'amour, qu'il n'existe pas de force du « mal », mais uniquement des pensées d'amour. Ainsi, après de nombreuses années à vivre dans la jungle et avec les primates, Madame Goodall a commencé à ressentir leurs émotions. Elle a découvert que les singes comprenaient la Nature et en ressentaient l'amour.

Il n'y a pas de doute, une telle expérience est enrichissante. Cependant, ce n'est pas le genre d'équilibre dont nous parlons dans ce livre. Même si un retour à la Nature procure une sensation sublime à l'homme moderne, c'est une sensation temporaire et imparfaite de la force de l'amour de la Nature. Ce n'est qu'une partie de ce que chaque animal ressent. Cependant, la Nature a conçu pour l'homme un degré d'évolution bien supérieur à celui-ci.

Il existe une excellente raison au fait que la Nature nous ait poussés à sortir des cavernes et de la jungle et à développer une société humaine dotée de systèmes complexes. C'est précisément au sein d'une société qui se caractérise par l'aliénation et l'intolérance que nous devons parvenir à nous équilibrer avec les autres peuples. Nous devons nous servir de notre ego comme levier pour nous élever vers un tel état. Le retour à la Nature peut être une expérience fascinante, mais il ne nous aidera en rien pour résoudre le problème dont nous souffrons à la racine : le déséquilibre au niveau humain.

Souvent le retour à la Nature est accompagné d'enseignements traditionnels tels que le yoga, le Taï-Chi et une variété de techniques de méditation. De telles méthodes offrent la tranquillité, la paix et une sensation de sérénité. Cependant, elles ne peuvent pas nous rapprocher de la réalisation du but de la Nature parce qu'elles se fondent sur la suppression et la diminution de l'ego. Ce faisant, elles diminuent l'ego humain du degré parlant aux degrés « animal », « végétal » et « inanimé ».

C'est pourquoi actuellement ces enseignements nous font reculer et, de ce fait, contredisent la direction de la Nature qui est de nous élever de notre niveau actuel à un niveau supérieur, celui de « l'être parlant réparé ».

La Nature ne nous permettra pas d'abaisser notre ego, nous le voyons dans des pays tels que la Chine et l'Inde, qui jusqu'à présent étaient parvenus à maintenir un faible niveau d'égoïsme, et qui connaissent de nos jours une flambée de l'ego. Ces dernières années, ils sont entrés dans la course à la richesse et au pouvoir, et ils sont parvenus à rattraper un retard de plusieurs générations en un temps record.

L'égoïsme qui s'étend actuellement dans le monde est celui du degré parlant. Pour y faire face, une méthode radicalement différente doit apparaître, une méthode qui ne va pas dans le sens de la diminution de l'ego. La sagesse de la Kabbale est la seule méthode qui utilise entièrement la force de l'ego pour réparer son mode d'utilisation. Elle se dévoile de nos jours pour aider toute l'humanité à réaliser le but de la Nature et à atteindre un nouveau niveau d'existence.

L'équilibre au niveau parlant

Pour faciliter notre explication, nous appellerons l'équilibre qui se fonde sur la diminution de l'ego du degré parlant aux degrés animal, végétal et minéral, « l'équilibre au degré animal ». La différence entre l'équilibre au degré animal et le degré parlant se trouve là où nous percevons la force d'amour de la Nature.

Pour atteindre l'équilibre avec la Nature au degré parlant, nous devons entreprendre une introspection et trouver où l'humanité entière et nous-mêmes allons, dans quel type de processus d'évolution nous vivons, et quels sont son point de départ et sa finalité. Entreprendre cette recherche nous permettra de vivre pleinement chaque phase de ce développement, et ainsi atteindre la pensée de la Nature au niveau parlant. En d'autres termes, elle élèvera une personne au degré de l'être parlant réparé. Parvenus à ce niveau, nous transcenderons les limites du temps, de l'espace et du mouvement, et nous ressentirons le flux de la réalité. Le début et la fin du processus se rejoindront et nous serons conscients de toutes les phases que nous vivons progressivement en nous.

Nous serons en mesure de percevoir comment toutes ces phases s'unissent harmonieusement, nous comprendrons leur interdépendance et leur influence les unes sur les autres. Ainsi, une fois le développement terminé, nous ne verrons plus le début ni la fin des temps – ou de l'espace ou du processus –, car nous découvrirons que tout est prédéterminé dans le plan de la Nature.

Réaliser la Pensée de la Nature fait passer l'homme à un statut supérieur d'existence ; cela lui octroie perfection, l'éternité et le plaisir illimité. Notre monde ne se trouve pas dans notre « corps », mais là où se trouve notre « moi ». C'est pourquoi en percevant différemment la réalité pour ce qu'elle est – éternelle, sublime et parfaite –, c'est là que nous nous trouverons.

Réaliser la Pensée de la Nature ne se termine pas par un sentiment de mieux-être, mais donne à l'homme une sensation d'éternité, de perfection, comme la Nature elle-même. Ce n'est que dans cette situation, c'est-à-dire à un degré spirituel parfait, le degré de l'être parlant réparé, que nous pourrons vraiment savoir pourquoi toute personne qui ressent la force de la Nature la définit comme « bonne et bienfaisante ».

L'homme peut également ressentir la Nature comme « bonne et bienfaisante » en abaissant son ego du niveau parlant au niveau animal. Cependant, il ne ressentira

142 - Du chaos à l'harmonie

que ce dernier. Au niveau animal, l'homme se sentira bien physiquement et psychologiquement, mais cette satisfaction sera éphémère. La croissance exponentielle de l'ego distingue l'homme des animaux et ne lui permet pas de se contenter de cet état bien longtemps.

En d'autres termes, au niveau animal, le « bien et la bienfaisance » sont ressentis comme un état, alors que le niveau parlant réparé le vit comme un processus insatiable. La différence entre les niveaux ressemble en partie à l'homme qui se sent bien parce qu'il se détache de ses pensées et ne se soucie que de ses besoins physiques, et à l'homme qui réfléchit et qui conçoit les tenants et les aboutissants de la vie. Un penseur entretient une relation différente avec la Nature.

L'homme qui atteint la sensation de « bien et de bienfaisance » au niveau parlant réparé considère la vie comme beaucoup qu'une simple satisfaction : il est en contact avec la réalité supérieure, avec un flux d'informations et de procédés. Il jouit de la perfection de la Nature, il est libéré de toute limite, il ne s'identifie plus à son corps. Sa pensée s'élève au-delà de la réalité perçue avec ses cinq sens et pénètre la Pensée de la Nature, un champ d'information général et éternel. C'est pourquoi la mort physique ne lui fait pas ressentir que son vrai « moi » cesse d'exister.

Pour récapituler, « le retour physique à la Nature » n'a aucun lien avec le processus spirituel d'harmonisation avec la Nature. Il est même susceptible de détourner notre attention du besoin d'équilibre au niveau parlant de l'homme, le niveau des pensées.

La sagesse de la Kabbale présentée dans cette partie du livre précise que toutes les phases de développement vécues, ainsi que celles non encore expérimentées, ont existé pour parvenir au but de la Nature. Elle explique que nous sommes au seuil de grands changements quant à notre prise de conscience. L'humanité sera amenée à réaliser le plan de la Nature, c'est indiscutable. La seule question qui demeure en suspens est « Dans combien de temps ? »

Deuxième partie

Israël et l'avenir de l'humanité

LE RÔLE D'ISRAËL

La première partie de ce livre a traité des crises personnelles et générales, de leurs causes et des solutions envisagées. Cependant, nous ne pouvons ignorer les points particuliers propres à l'État d'Israël et à la vie de ses citoyens.

Il est intéressant de voir comment un état si petit peut être le point d'attention du monde entier et qu'il est continuellement au centre de conflits colossaux. Au fil des années, la sécurité personnelle et nationale semble être un rêve qui s'amenuise jour après jour. Nous vivons constamment dans la peur, à chaque coin de rue se trouve un abri, la construction d'une maison implique la présence d'une pièce sécuritaire, et à l'entrée des lieux publics, nous sommes soumis à une inspection.

En fait, depuis la création d'Israël, l'état est en guerre perpétuelle ; seuls ses aspects changent ainsi que sa nature. Aujourd'hui, à l'ère des armes de destruction massive, accompagnée de la haine environnante et du puissant désir de nos voisins de nous détruire, notre existence est menacée. Le pays est angoissé. Selon un sondage publié à la veille du Yom Kippour (le Jour du Pardon), plus de la moitié de la population est inquiète quant à l'avenir du pays. Deux tiers pensent qu'une possible attaque-surprise contre Israël se produira, comme ce fut le cas lors de la guerre de Yom Kippour de 1973, et 70 % de la population n'a pas confiance en l'actuel gouvernement.

Qui plus est, nous n'échouons pas seulement à vivre en paix avec le monde entier, mais également entre nous. Il semble que nous soyons davantage séparés et divisés que les autres peuples. Nous connaissons des clivages sociaux qui engendrent une haine mutuelle.

Quelle est la cause de ces phénomènes ? Sommes-nous les dépositaires de quelque chose de particulier ? Sommes-nous condamnés à souffrir plus que les autres ? Pourquoi ne nous laisse-t-on pas vivre en paix et pourquoi les yeux du monde entier sont-ils rivés sur nous ?

Dans cette partie du livre, nous parlerons de notre place sur la « carte géographique de l'humanité » et nous verrons s'il existe une possibilité de sortir de la situation maussade et menaçante dans laquelle nous nous trouvons. Pour y parvenir, nous serons assistés par l'ancienne sagesse de la Kabbale. C'est pourquoi, avant de commencer, nous devons expliquer l'origine de cette sagesse, les sujets qu'elle aborde, et en quoi elle est liée à notre réalité quotidienne.

L'humanité et la sagesse de la Kabbale

Depuis toujours, l'homme a cherché les voies du bonheur. De nombreuses méthodes, anciennes et modernes, ont traité de ce sujet. Cependant, nous voyons que l'humanité continue à souffrir. Toutes les méthodes développées au cours de l'histoire n'ont pas apporté le bonheur tant désiré. C'est pourquoi, de nos jours, les gens s'en désintéressent.

Au même moment se dévoile précisément une méthode qui jusqu'à présent était cachée. Tout au long de l'histoire, les détenteurs de cette méthode l'ont cachée au public, qui lui-même n'était pas encore attiré par elle. Or, de nos jours, précisément, elle devient le centre d'intérêt de l'humanité, et des gens du monde entier, de tous les pays, de toutes les races et de toutes les nationalités l'ont adoptée. Cet enseignement est la sagesse de la Kabbale.

Des millions de personnes dans le monde ressentent inconsciemment que l'application de cette méthode leur apportera des réponses leur permettant d'être heureux. C'est pourquoi elles sont attirées par elle. Même si pour le moment la plupart ne comprennent pas l'essence de la méthode, au plus profond d'eux, il existe une sensation leur disant que la Kabbale leur apportera une réponse.

Pour comprendre la diffusion actuelle de la sagesse de la Kabbale, nous devons retourner au berceau de l'humanité : la Babylone antique en Mésopotamie. C'est là que s'est révélé le début du processus qui est en phase finale de nos jours, et qui est la raison de l'attrait pour la Kabbale.

La sagesse de la Kabbale explique que l'évolution de l'humanité est en fait le développement du désir d'avoir du plaisir. De génération en génération, le désir de se délecter s'accroît constamment et pousse l'homme à le satisfaire.

La première fois qu'un désir pour quelque chose de

supérieur au simple désir d'exister est apparu chez l'homme, c'était il y a 5767 ans (selon le calendrier hébraïque, et à l'heure où nous écrivons ces lignes, l'année 2006). Avant Adam, de nombreuses générations vécurent sur Terre. Cependant, il fut le premier homme à développer le désir de comprendre la nature dans sa globalité.

Le livre *Raziel HaMalaach*, l'Ange Raziel, attribué à Adam.

Ce n'est pas par hasard si son nom était Adam – du mot *Adame la Elyon* (Isaïe 14,14), « Je serais l'égal du Très-Haut ». Adam reçut ce nom, car il désirait transcender ses attributs et ressembler à l'attribut de la Nature : l'altruisme. Il a transmis ce qu'il a découvert à ses héritiers. On lui attribue le livre *Raziel HaMalaach*, l'Ange Raziel.

Le jour où Adam découvrit le monde spirituel se nomme « la création du monde ». Ce fut la première fois que l'humanité toucha le monde spirituel, c'est pourquoi il est le point de départ du comptage des années hébraïques. Selon le programme de la Nature, au cours des six mille ans, l'humanité tout entière s'équilibrera avec la Nature, c'est-à-dire qu'elle parviendra à la réparation finale de l'ego humain. C'est pourquoi il est écrit : « Le monde existera six mille ans » (Talmud de Babylone, Sanhédrin 97a). Au cours de ces années, l'ego humain s'est accru progressivement pour que l'humanité prenne conscience de la nécessité de la corriger ; à cette fin, la méthode de réparation et son utilisation lui furent expliquées.

Après Adam, plusieurs générations se succédèrent dans la région de Babylone. C'est là même où se concentrait l'humanité que se produisit la première percée de l'ego. Il en résulta que l'homme voulut contrôler la nature et le monde, tout s'approprier à des fins personnelles.

Cette percée de l'ego est décrite allégoriquement par la construction de la tour de Babel : « Ils dirent : allons, bâtissons-nous une ville et une tour dont le sommet atteigne le ciel » (Genèse 11,4). Cependant, les Babyloniens échouèrent parce qu'il est impossible de satisfaire l'ego directement. L'ego les éloigna les uns des autres. Autrefois, ils vivaient comme un peuple, puis lorsque l'ego commença à « parler » en eux, ils cessèrent de se comprendre. Ce moment est décrit comme l'évolution de différents langages. La haine s'interposa entre eux, et ils se dispersèrent aux quatre coins de la Terre.

Cependant, parallèlement à la croissance de l'ego se dévoila chez un Babylonien, nommé Abraham, un désir de saisir le secret de la vie (comme ce fut le cas pour Adam).

Jusque-là, Abraham aidait son père dans la fabrication et la vente d'idoles. Lorsque les statues ne réussirent plus à satisfaire son ego grandissant, il décida de partir à la recherche des forces supérieures. Cette histoire symbolise la sensation d'Abraham qui, dans chacun de ses désirs égoïstes, « fait une statue » devant laquelle il se prosterne et se soumet.

Puis Abraham ressentit que ce genre de vie ne menait nulle part et que s'il désirait s'élever vers une vie plus évoluée, il se devait de « briser les idoles », d'essayer d'échapper à leur emprise. Une fois qu'il y parvint, il découvrit la force globale de la Nature et l'appela « *Elohim* », qui en gématrie (valeur numérique hébraïque des lettres) équivaut à « la Nature ». Abraham réalisa que la force de la Nature obligeait l'homme à s'équilibrer avec elle, le déséquilibre étant la source de toutes les souffrances.

Au cours de son analyse, Abraham découvrit que l'ego de l'homme se compose de 613 désirs, et que chacun d'entre eux doit se conformer à la règle générale de la Nature, la loi de l'altruisme. Tous les désirs de l'homme doivent parvenir à « aimer son prochain comme soi-même », servir son prochain. La réparation de tous les désirs, en d'autres termes, l'utilisation altruiste et non égoïste du désir, s'appelle dans la Kabbale « l'accomplissement d'un commandement » (*Mistvot* en hébreu). Nous parlons d'un changement d'intention dans l'emploi des désirs humains et non d'un accomplissement physique.

La méthode pour s'équilibrer avec la Nature, au-delà de l'ego, a été découverte par Abraham et s'appelle la « sagesse de la Kabbale ». Nous lui attribuons également le *Sefer Yetsira* (le livre de la Création). Abraham commença à enseigner cette sagesse à son peuple, les anciens Babyloniens. Il est écrit que « le patriarche Abraham les invitait chez lui et leur offrait à manger et à boire, pour les rapprocher de lui » (Midrash Bereshit Raba, 84,4). Cependant, la plupart des gens ne se préoccupaient pas de corriger leur ego.

Après qu'Abraham et sa femme Sarah se sont efforcés de diffuser la méthode de correction, un groupe se forma autour d'eux qui devint le premier groupe de kabbalistes de l'humanité. Plus tard, ce groupe reçut le nom d'Israël[20].

À partir de là, l'humanité se divisa et prit deux directions : les kabbalistes et le reste de l'humanité. Tout au long de l'histoire, l'ego grandit progressivement chez les kabbalistes et parmi le reste du monde, et ils évoluèrent différemment en fonction de la direction empruntée. Les kabbalistes, en dépit de l'ego croissant, s'efforcèrent de rester en équilibre avec la Nature ; le reste de l'humanité, pour sa part, partit en quête de nouveaux moyens pour satisfaire cet ego.

Au fil des générations, l'humanité est parvenue à de grandes découvertes. À chaque époque, les hommes ont pensé que bientôt ils parviendraient à la satisfaction, mais chaque fois, ils se retrouvèrent encore plus frustrés et avec de plus grands besoins. De nos jours, l'ego a atteint son degré final. Il en résulte que chez la plupart des gens se renforce la sensation d'impuissance et de crise générale, et ce, malgré l'évolution de l'ego au cours de milliers d'années.

Cette compréhension place l'humanité dans la même situation que celle de l'ancienne Babylone, sauf que l'humanité s'est de nos jours dispersée et multipliée sur l'ensemble du globe et qu'elle est prête à écouter. Elle est disposée à accepter la méthode qu'Abraham a fondée, celle qui enseigne à l'homme comment se servir adéquatement de son ego, comment s'équilibrer avec la Nature et se sentir comme elle, éternelle et parfaite.

Jusqu'à présent, les kabbalistes étaient obligés de cacher cette méthode à l'humanité. Ils devaient attendre que l'ego se soit suffisamment développé et soit parvenu à son stade final, qu'il fasse naître un désespoir étant donné l'impossibilité de le satisfaire. Ils devaient attendre cette époque où l'humanité aurait besoin d'une méthode de correction et où elle ressentirait que c'est précisément dans la sagesse de la Kabbale que se trouve le remède à tous les maux. Tant que ces conditions n'étaient pas réunies, les kabbalistes ont veillé à ne pas dévoiler la méthode au grand public. Désormais, ils permettent à tous d'y accéder. C'est ainsi que s'achève un cycle historique, et toute l'humanité, tel un seul corps, peut parvenir à s'équilibrer avec la Nature.

Dans un article intitulé « Le *Shofar* du Messie » (La sonnerie de la corne de bélier du Messie), le Baal HaSoulam dit que la rédemption du monde repose uniquement sur la diffusion de la méthode de la correction : « Nous sommes la génération qui est au seuil de la délivrance, si elle parvient à diffuser la sagesse cachée aux masses. » Il précise que cette sagesse doit être portée à la connaissance de toute l'humanité, et il se sert de l'allégorie de la sonnerie de la corne de bélier : « La propagation de la sagesse parmi les foules est appelée "*Shofar*", à l'image de la corne de bélier dont la sonnerie porte très loin. C'est ainsi que l'écho de la sagesse retentira dans le monde entier. »

La naissance du peuple d'Israël

Pour que la méthode de correction se dévoile maintenant et aide ainsi l'humanité à s'équilibrer avec la Nature, il était nécessaire qu'elle soit transmise et développée de génération en génération. Il s'agit d'un processus qui a débuté il y a des milliers d'années, à l'époque du groupe de kabbalistes fondé par Abraham.

La méthode d'Abraham fut utilisée pendant plusieurs générations, puis un supplément d'ego se dévoila avec le temps, nécessitant une méthode d'équilibre avec la Nature d'un degré plus élevé, et ce afin de transcender le nouvel ego.

Cette nouvelle méthode fut transmise par Moïse, le grand kabbaliste de l'époque. Moïse conduit le peuple vers la sortie « d'Égypte », la sortie de l'emprise du nouvel ego, et lui enseigna comment vivre comme « un seul homme dans un seul cœur », comme les membres d'un seul corps. En raison de sa taille, le groupe porte désormais le nom de « peuple ». Cependant, au niveau génétique, il appartient au peuple de l'ancienne Babylone, celui-là même auquel appartenait Abraham, comme le confirme la science de nos jours[21].

La méthode de Moïse d'équilibre avec la Nature, qui est un prolongement de la méthode d'Abraham, se nomme « Torah ». Il ne s'agit pas de voir le Pentateuque comme un livre historique ni comme un livre de morale comme nous le connaissons actuellement, mais comme une méthode et un guide pour réparer l'ego. Le terme « Moïse » symbolise la force qui sort l'homme de l'emprise de l'ego ; le terme « Torah » vient des mots *Oraah* et *Or* en hébreu (instruction et lumière), la force qui corrige l'homme, comme il est écrit : « La force présente en elle ramène vers le bien » (*Midrash Raba, Eikha* – lamentations – Introduction, 2e paragraphe). La Torah évoque aussi le plaisir ressenti par l'homme qui répare son ego.

C'est ainsi que les kabbalistes continuèrent à évoluer. Grâce à la méthode de Moïse, ils réparèrent tous leurs désirs égoïstes. La satisfaction reçue après avoir réparé leurs désirs se nomme « *Beit Ha Mikdash* » (le Temple, la maison de la sainteté), les désirs réparés sont le Temple rempli de sainteté, les attributs de l'altruisme, la caractéristique de toute la Nature.

Les enfants naissaient, grandissaient et étaient éduqués selon la méthode de correction et parvenaient par eux-mêmes à la perception spirituelle. Le peuple ressentait entièrement la Nature et ce, jusqu'à ce que l'ego bondit pour atteindre un nouveau niveau, engendrant la perte de cette sensation. La coupure de la sensation de la Nature s'appelle la « destruction du Temple » et la nouvelle emprise de l'ego « l'exil de Babylone ».

La réparation de l'ego qui a fait irruption à la destruction du premier Temple signifie le retour de l'exil de Babylone et la construction du second Temple. Cependant, à cette époque, le peuple se divisa en deux : certains réussirent à corriger l'ego, et d'autres échouèrent en raison de la puissance de ce dernier. Progressivement, l'ego grandit également au sein de la première catégorie, il en résulta que le peuple perdit totalement la sensation de la Nature dans sa globalité ; autrement dit, il tomba dans la dissimulation spirituelle. L'emprise de l'ego s'appela la « destruction du second Temple » et le peuple partit pour un nouvel exil, le dernier.

La destruction de l'attribut altruiste conduisit tout le peuple à perdre la sensation de toute la Nature, sauf pour quelques élus, des kabbalistes qui vécurent au cours des générations. Loin des yeux du public, ces kabbalistes continuèrent de développer la méthode de correction de la nature humaine et de l'adapter à mesure que l'ego grandissait. Leur rôle était de préparer la méthode pour le moment où Israël et l'humanité en auraient besoin.

Le développement de la méthode de correction

Au moment même où commençait le dernier exil, au deuxième siècle de notre ère, Rabbi Shimon Bar Yochai (Rashbi) et ses disciples écrivirent le *livre du Zohar*. Le livre écrit en araméen dévoile la méthode de correction et décrit tout ce que ressent l'homme qui est parvenu à s'équilibrer avec la Nature, le tout à l'aide d'allusions et d'allégories. Il décrit donc tous les états futurs que l'humanité devra traverser jusqu'à la réparation finale de l'ego.

Il convient de noter que même si le *Zohar* a été écrit au début de l'exil, il est précisé qu'il ne se dévoilera qu'à la fin de celui-ci, et qu'il mettra alors un terme à l'exil spirituel : « [...] parce qu'Israël est destiné à goûter à l'arbre de la vie, qui est ce livre du *Zohar*, avec lequel ils sortiront de l'exil avec compassion. » (*Zohar, Parashat Nasso*, point 90) Il est également écrit qu'au terme d'une période de 6000 ans menant à la réparation de l'ego, le livre se dévoilerait à toute l'humanité : « Lorsque les jours du messie se rapprocheront, même les petits enfants trouveront les secrets de la sagesse, et grâce à eux, ils connaîtront la finalité et les moyens de la rédemption. À ce moment, il se dévoilera à tous. » (*Zohar, Parashat VaYira*, point 460)

C'est pourquoi immédiatement après sa rédaction, le *Zohar* fut caché. Ce n'est qu'au XIIᵉ siècle, en Espagne, que le *Zohar* fut publié pour la première fois. Presque 1400 ans après sa rédaction, au XVIᵉ siècle, il apparut à Safed le Ari. Ce dernier prit la même méthode de correction proposée par le *Zohar* dans un langage allégorique et l'expliqua dans un langage scientifique et pragmatique, décrivant en détail toutes les étapes de réparation de l'ego, lesquelles conduisent à un équilibre avec toute la Nature.

Ses écrits comprennent des descriptions de la structure du monde supérieur et expliquent à l'homme comment pénétrer dans cette perspective de la réalité. À l'époque du Ari, l'ego ne s'était pas encore dévoilé dans toute sa puissance, seuls quelques élus parvinrent à comprendre ses propos. En effet, plus l'ego est développé, plus la capacité de perception est subtile.

L'approche de la période finale de correction

s'accompagne d'un égoïsme parvenu à son apogée, d'une crise montrant qu'une méthode de réparation de l'ego est nécessaire. Aujourd'hui, nombreux sont ceux qui ont déjà besoin de la méthode de réparation, et ils sont en mesure de comprendre ce qui était autrefois l'apanage que de quelques élus. C'est la raison pour laquelle de nos jours la méthode de correction est dévoilée dans sa globalité. Le Baal HaSoulam (1884-1954) interpréta le *Zohar* et les écrits du Ari pour que tout un chacun puisse les comprendre. Il dit : « Je suis heureux d'être né dans cette génération où il est déjà possible de publier la sagesse de la vérité. Si vous me demandez comment je sais que cela est permis ? Je vous répondrai que j'en ai reçu la permission. » (de la sagesse de la Kabbale et de son essence)

Ses principales œuvres sont le commentaire de l'Échelle (*Soulam*) du *Zohar, livre dans lequel* il traduisit le Zohar de l'araméen à l'hébreu pour mieux en commenter les paroles, ainsi que le *Talmud des dix Sefirot,* ouvrage qui explique les écrits du Ari. De plus, le Baal HaSoulam écrivit de nombreux articles expliquant comment construire une société en équilibre avec la Nature. Le besoin d'une méthode claire et systématique pour corriger son ego, dit-il, lui a permis d'écrire de la sorte.

« Tout mon mérite dans le dévoilement de la sagesse vient de ma génération » (de la sagesse de la Kabbale et de son essence).

Les kabbalistes ont prédit qu'à la fin du XXe siècle commencerait une nouvelle étape dans le développement de l'humanité : les gens seront attirés en masse par la sagesse de la Kabbale. Déjà au XVIIIe siècle, le Gaon de

Vilna, dans l'introduction de son livre « *Kol HaTour* » (La voix de la tourterelle), désigna l'année 1990 comme année de commencement du processus. Le Baal HaSoulam pencha pour l'année 1995 dans une discussion avec un de ses élèves, en 1945.

Ce qui se produit n'est pas le fruit du hasard. Les kabbalistes expliquent que si nous attendons la fin des six mille ans sans progresser de nous-mêmes dans le travail de réparation de l'ego, nous souffrirons énormément. La majorité de la population mondiale s'exterminera dans de terribles guerres et la minorité survivante devra malgré elle appliquer le programme de la Nature.

Dans son écrit intitulé la *Dernière Génération*, le Baal HaSoulam explique : « [...] les bombes atomiques et hydrogènes ont été inventées, et si on ne sait pas encore clairement vers quelle destruction de masse l'humanité se dirige, nous le verrons au travers d'une troisième, voire d'une quatrième guerre mondiale. Les explosions provoqueront de tels dégâts que les survivants n'auront d'autre choix que de prendre sur eux-mêmes ce travail. »

Autrement dit, si nous disons « advienne que pourra » et ne faisons rien, les forces de la Nature nous pousseront, au moyen de souffrances et de menaces, à parvenir à la réparation dans les 233 années qu'ils nous restent avant d'atteindre les 6000 ans, appelés « dans les temps », ce qui signifie la période allouée. Cependant, la souffrance s'intensifiera tellement et arrivera à un tel paroxysme que chaque instant nous paraîtra une éternité, car la sensation de temps n'est que psychologique. En fait, dès à présent, nous commençons à ressentir jour après jour que notre vie est de plus en plus difficile, et ce n'est que le début !

En revanche, la voie de la réparation n'est pas limitée par le temps. Comme les kabbalistes sont parvenus à vivre en équilibre avec la Nature au cours des générations, tout un chacun, de nos jours, peut accéder à cette perfection et cette éternité. Ce chemin s'appelle « J'accélérerai le temps ». D'une façon ou d'une autre, nous devons parvenir à vivre en équilibre avec la Nature, la mort elle-même ne nous délivre pas de ce processus obligatoire de réparation.

Notre choix entre ces deux voies ne dépend que de notre prise de conscience. Elle évoluera soit par la souffrance, soit en étant attentive. Cette seconde possibilité est réalisable avec l'aide de la sagesse de la Kabbale qui décrit nos états : elle nous explique où nous devons aller et nous dote des outils pour y parvenir. Ainsi, il est possible pour l'humanité de traverser ces 226 années en souffrant terriblement, comme cela nous est décrit dans les livres de Kabbale sur la venue du messie, ou d'y arriver en un laps de temps relativement court, en nous élevant infiniment. C'est à cette croisée des chemins qu'un rôle crucial incombe à Israël.

Le rôle d'Israël

Les descendants du groupe de kabbalistes d'Abraham sont le peuple d'Israël. Avant d'entamer une discussion sur le rôle d'Israël, il est très important de savoir qu'il ne s'agit pas ici de nationalisme, comme le souligne le Baal HaSoulam, dans son article le « Don de la Torah » (*Matan Torah*), « seul un insensé peut penser ainsi ». Le peuple d'Israël n'est pas meilleur qu'un autre comme certains chauvinistes pourraient le penser par orgueil, mais il est titulaire d'un rôle différent octroyé par le programme de la Nature. L'humanité est représentée allégoriquement par un seul corps dans lequel chaque organe joue un rôle différent.

Les kabbalistes proposent allégoriquement une méthode de correction à chaque nation, et ce dès le départ. Dans l'article la « Garantie mutuelle », le Baal HaSoulam écrit que « le but de la création repose sur toute l'humanité : blanc, noir, ou jaune sans aucune différence ». Cependant, à l'époque, aucune nation n'était disposée à la recevoir. L'humanité n'en avait pas encore besoin. C'est pourquoi la méthode fut donnée au peuple d'Israël pour qu'il s'en serve comme « d'un relais » à transmettre à toute l'humanité, laquelle s'en servirait plus tard.

Le peuple d'Israël diffère de tous les autres peuples. Son essence est le même groupe de kabbalistes qu'Abraham fonda avec les Babyloniens pour préserver la méthode de réparation et la transmettre tout au long de l'Histoire, en vue de cette époque où l'humanité en aurait besoin. C'est à ce moment que ce même groupe, qui s'appelle désormais « le peuple d'Israël », pourra réaliser sa mission, c'est-à-dire transmettre la méthode de réparation à toutes les nations.

La chute de ces kabbalistes sous l'emprise de l'ego engendra en eux un ego particulier et sophistiqué. Ce processus fut intentionnel : il devait permettre aux Juifs d'accélérer le développement du monde, tout en étant parmi les nations. Celles-ci n'éprouvaient pas tellement le besoin d'évoluer et le rôle des Juifs était de les pousser de l'avant, vers un développement plus égoïste. C'est pourquoi les Juifs ont toujours été à la tête des développements scientifique, technologique, économique et culturel. Ils ont accéléré la prise de conscience quant à l'impasse et à la haine à laquelle conduit l'égoïsme, ainsi que l'obligation de le corriger.

De nos jours, la reconnaissance de l'urgence de la réparation de l'ego permettra l'application de la méthode de réparation. Celle-ci se fait par étapes : au début, les enfants d'Israël doivent se réparer et revenir à l'équilibre avec la Nature, perdu il y a deux mille ans. C'est la raison pour laquelle ils doivent connaître la méthode de correction dont ils se sont éloignés et commencer à la mettre en œuvre. En agissant de la sorte, ils seront un exemple altruiste pour toute l'humanité et rempliront leur rôle, qui est d'être une « lumière pour les nations ».

Quand Israël aura transmis la méthode de correction à toute l'humanité, la deuxième étape du programme de la Nature se réalisera : la correction de toute l'humanité. « Quand les enfants d'Israël compléteront toute la connaissance, les fontaines de savoir et d'intelligence jailliront par delà les frontières d'Israël et elles arroseront toutes les nations. » (Baal HaSoulam, Introduction à l'Arbre de vie, point 4)

Le retour en terre d'Israël

Le retour du peuple d'Israël sur sa terre est un processus qui a été prévu par le programme de la Nature. Pour parvenir à le comprendre, il convient de comprendre la signification spirituelle du terme « terre d'Israël » et de connaître le langage employé par les kabbalistes.

Les kabbalistes parvenus à s'équilibrer avec la Nature ont découvert la partie de la réalité qui se trouve en dehors de notre champ de perception égoïste et la nommèrent « le monde supérieur » ou « le monde spirituel ».

Après avoir trouvé que chaque élément dans le monde supérieur s'appelle « racine », leur manifestation dans notre monde donne naissance à la « branche » matérielle de notre monde. Ainsi naquit le « langage des racines et des branches », existant simultanément dans le monde supérieur et dans notre monde.

Dans le langage des branches, le mot terre (*Eretz*) signifie désir (*Ratson*) et Israël signifie *Yashar El* (droit vers Dieu). La terre d'Israël désigne donc un désir en vue d'acquérir les attributs altruistes de la Nature.

Les générations qui ont vécu sur la terre d'Israël avant la destruction du second Temple percevaient la spiritualité. À cette époque, le degré spirituel de la terre d'Israël était en conformité avec son degré matériel, d'où le mérite d'y vivre. Plus tard, le peuple a perdu son degré spirituel et a chuté sous l'emprise de désirs égoïstes. Cette non-conformité entre les niveaux spirituels et matériels a abouti à la destruction du Temple et au départ de la terre d'Israël.

Alors que dans le passé, la chute spirituelle précédait l'exil du peuple de la terre d'Israël parmi les nations, désormais la situation a changé ; le retour physique en Israël précède le retour spirituel. Cependant, la conformité entre la racine spirituelle et la branche matérielle doit être reconstruite. Il appartient au peuple d'Israël d'emprunter le même chemin que lors de la « chute », mais à l'inverse ;

d'abord un retour physique, puis un retour spirituel.

Le peuple d'Israël a la mission de parvenir au degré spirituel de la « terre d'Israël ». À cette fin, la méthode de correction se dévoile. Tant que le peuple d'Israël ne se répare pas, il ne vivra pas paisiblement sur cette terre. Il ne pourra pas y vivre sans l'idéal spirituel : les forces de la Nature ne permettront pas à l'homme d'y vivre paisiblement sans conformité spirituelle.

Pour réveiller les habitants de la terre physique d'Israël afin qu'ils s'élèvent au niveau spirituel appelé « terre d'Israël », ces derniers vivent dans une réalité remplie d'insécurité et de soucis.

Toutes les pressions sur Israël en provenance d'autres États, ou en raison de crises sociales intérieures, ne se produisent que pour que nous commencions à avancer vers le but de notre vie en ce monde. C'est pourquoi, « Tant que nous n'élevons pas notre but dans nos vies matérielles, nous n'aurons pas de renaissance physique... Parce que nous sommes les enfants du concept. » (Baal HaSoulam, Exil et rédemption)

Le *Zohar* et les kabbalistes de toutes les générations désignent le retour du peuple d'Israël de l'exil comme l'époque où la réalisation de la réparation du monde sera obligatoire. C'est pourquoi avec le retour en Israël le grand kabbaliste, le Rav Kook, premier grand rabbin d'Israël, déclara :

« Désormais, les temps sont venus pour tout un chacun de connaître que le Salut d'Israël et celui du monde entier ne dépend que de l'apparition de la sagesse de la lumière cachée, des secrets intrinsèques de la Torah (la Kabbale) dans un langage clair. » (lettre de *Raiah*, page 92) « Ce n'est que lorsque nous serons ce que nous devons être que l'humanisme retournera à l'humanité, la plus haute vertu, dont l'essence sera la lumière spirituelle cachée en elle ; elle s'élèvera et connaîtra fièrement son bonheur. » (*Sefer Orot – Livre des lumières*, page 155)

Il convient de savoir que le peuple d'Israël n'existe pas parmi les soixante-dix Nations du monde, mais il est un groupe de personnes dont le but est de transmettre la méthode de correction à toute l'humanité. « La terre d'Israël » n'existera sur la planète que si, sur cette dernière, réside un peuple spirituel.

C'est pourquoi ce n'est que dans la mesure où le peuple d'Israël remplit son rôle qu'il mérite de vivre ici. Dans le cas contraire, il ne s'appelle pas le « peuple d'Israël » et la terre ne sera pas considérée comme la « terre d'Israël », mais simplement un pays qui renvoie et repousse ce peuple, un pays incapable de garder cette nation sur sa terre, « un pays qui dévore ses habitants. » (Nombres 13,32)

Le Baal HaSoulam a prédit que si des changements ne sont pas entrepris, l'existence entière des Juifs dans l'État d'Israël sera en danger, à tel point que les gens « progressivement voudront fuir la souffrance, au point qu'il ne resterait pas suffisamment d'habitants pour qu'il reste un "État", et qu'ils seraient avalés au milieu des Arabes. » (La Dernière Génération)

L'union de la nation

Si nous voulons être un peuple libre sur notre terre, comme le dit l'hymne national, nous devons appliquer la même formule, celle qui existait avant la destruction du Temple et l'exil d'Israël, au lieu de la séparation, de l'aliénation et de la haine gratuite qui abondent actuellement, nous devons revenir à la situation dans laquelle nous étions unis comme les membres d'un seul corps, en équilibre avec toute la Nature.

En pratique, nous nous sommes unis physiquement sur la terre d'Israël, principalement en raison de force majeure. Le plan de la Nature a fait que les nations du monde ont exercé une telle pression sur nous qu'elles nous ont obligés à fuir nos pays d'accueil et à revenir en Israël. La plupart des gens sont arrivés ici malgré eux, vers un refuge où ils pourraient être sauvés de l'hostilité de leurs ennemis, ou améliorer leur vie matérielle. Ils n'étaient pas poussés intérieurement à s'unir avec amour et à fonder une nation unie qui vit en équilibre avec la Nature altruiste, et ce afin de conduire toute l'humanité dans cette direction.

Le lien actuel ne nous permettra pas de faire face bien longtemps à nos ennemis, car leur union intérieure est bien plus solide que la nôtre. Actuellement, ils sont parfaitement conscients de cette faiblesse. Le Professeur Zehev Magen, directeur du Département d'histoire du Moyen-Orient à l'université de Bar-Ilan explique[22] : « Les Iraniens et le reste des fondamentalistes sont convaincus que nous sommes une société dépourvue d'infrastructures de principes uniformes. Qui plus est, ils sont également convaincus que nous sommes déjà parvenus à la conclusion qu'une telle infrastructure ne peut exister. C'est pourquoi les fondamentalistes sont certains que tôt ou tard, ils nous vaincront et nous délogeront d'ici, ou du moins qu'ils mettront fin à notre souveraineté. La certitude l'emportant toujours sur l'incertitude, selon eux, nous vivons nos dernières heures. »

Un article publié dernièrement dans un journal arabe se termine par la citation d'un discours de Khomeiny se référant au Coran : « Les Juifs ne vous combattront pas comme un seul homme – vous pensez qu'ils sont unis, mais leurs cœurs sont divisés. »

L'union entre nous ne peut s'exprimer que si nous nous unissons pour accomplir notre mission vis-à-vis du monde. Cette union n'a pas pour but l'amélioration de notre situation au détriment des autres peuples ou pays. L'idée patriotique du peuple d'Israël dont parle la sagesse de la Kabbale est aussi éloignée du nationalisme traditionnel que le sont les points cardinaux.

Il ne nous appartient pas de nous voir comme un peuple supérieur aux autres, c'est même l'inverse qui prévaut – « le peuple élu » signifie un peuple élu pour *servir* toutes les nations. Son rôle est de les aider à s'équilibrer avec la Nature, et atteindre le degré le plus élevé d'épanouissement spirituel. Nous devons nous considérer comme un moyen pour y parvenir, et rien de plus. Cet objectif n'est réalisable qu'en nous unissant.

Notre retour sur la terre d'Israël en raison de menaces extérieures a été prévu par le plan de la Nature. C'est ainsi qu'une opportunité nous a été donnée de découvrir par nous-mêmes le besoin intérieur d'union et de créer une nation qui conduira l'humanité à la plénitude.

Ce n'est pas un hasard si depuis de nombreuses années nous ne parvenons pas à créer une société unie : les religieux contre les laïcs, la gauche contre la droite, les Ashkénazes contre les Sépharades, les Israéliens de naissance contre les nouveaux immigrants, etc. Toutes les tentatives et les efforts d'unification entrepris jusque-là ont échoué, les distinctions sociales s'intensifient et la haine et l'aliénation s'accentuent. Un sondage réalisé dernièrement dévoile que, de nos jours, 57 % des Israéliens estiment que l'existence de l'État d'Israël peut-être en danger en raison de la haine gratuite[23].

Notre présente situation implique une pause et une véritable recherche de nos racines. D'où venons-nous ? Comment sommes-nous devenus le peuple d'Israël ? Quels étaient les principes de base de la nation dans le passé ? Et dans quel but ? Ce n'est que sur la base de principes spirituels éternels que nous pourrons nous unir et encourager l'unification de tous les peuples, peu importe qui ils sont[24].

L'antisémitisme

Aucune calamité ne vient au monde si ce n'est pour Israël. – Talmud de Babylone, *Yevamot*, 63,1

La compréhension de la mission du peuple d'Israël nous aide à comprendre le phénomène de l'antisémitisme, ainsi qu'à y apporter une solution. La racine de l'antisémitisme et de la condamnation des Juifs pour tout le mal qui existe sur Terre provient du but de l'existence d'Israël : transmettre au monde la méthode de la correction de l'ego. L'avenir du peuple dépend de l'accomplissement de sa mission.

Tant que le peuple d'Israël n'applique pas sur lui-même la méthode de réparation et ne la transmet pas au reste de l'humanité, le déséquilibre de l'humanité avec la Nature augmente. Il en résulte une hausse de l'intensité et de la fréquence des phénomènes négatifs pour toute l'humanité, ainsi que dans la vie de tout individu, à tel point qu'actuellement ces phénomènes se manifestent par une crise générale et mondiale.

L'antisémitisme qui se dévoile dans le monde est proportionnel au développement de l'ego des nations. Celles-ci, inconsciemment, ressentent que leurs souffrances dépendent d'Israël, et c'est précisément pourquoi dans les pays civilisés une attitude négative se développe vis-à-vis des Juifs. Ce n'est pas étonnant si l'Allemagne, pays le plus civilisé au début du XXe siècle, a été le théâtre du plus terrible épisode d'antisémitisme. Plus l'ego des nations se développe, plus se réveillent en elles la haine des Juifs – pour certaines par des réactions violentes ; pour d'autres, par un consentement et un encouragement silencieux.

Actuellement, le développement de l'ego a conduit à l'existence d'un ressentiment à l'égard d'Israël dans la plupart des pays. Ceux qui dans le passé soutenaient Israël, tels les pays d'Europe du Nord, sont désormais anti-israéliens. Des sondages effectués par l'Union européenne placent Israël au premier rang des pays représentant une menace pour la paix dans le monde. Environ 60 % de la population européenne pense ainsi, alors qu'aux Pays-Bas, le chiffre atteint les 74 % de l'opinion publique. En outre, il s'avère que l'image d'Israël se détériore parmi les personnes instruites[25].

Qui plus est, de « petits et insignifiants » pays sur la carte mondiale se mettent de la partie et se déclarent officiellement anti-israéliens ; de même, certains peuples avec lesquels nous n'entretenons aucun contact direct manifestent leur hostilité à notre égard. L'antisémitisme de la part de l'Occident se combine à celui des musulmans. Les Juifs sont accusés de complot international, et la diffamation réapparaît. Tous ces phénomènes sont ancrés dans la Nature de la Création, comme il est dit : « Nous savons qu'Esaü déteste Jacob. » (*Midrash Sifrey, Parashat BeHaalotchah*)

Il convient de noter que l'attitude des peuples entre eux diffère complètement de celle à notre égard. Cependant, en cas de péril imminent et commun, deux pays qui se détestent accepteront de s'unir pour survivre, comme les animaux qui coopèrent pour échapper à un danger. Cependant, l'attitude des autres pays à l'égard d'Israël est différente ; même sous la menace, ils nous pointent du doigt et nous accusent d'être la raison de leurs malheurs.

Actuellement, de nombreuses personnes dans le monde pensent que le peuple d'Israël n'a pas droit à un pays, et encore moins d'habiter Israël. Ces propos sont issus d'une sensation intrinsèque, instinctive et profonde que les Juifs sont la source de tous les problèmes mondiaux. Cependant, ces nations ne sont pas en mesure de se l'expliquer, ni de nous l'expliquer consciemment.

En fait, les Juifs eux-mêmes ne sont pas capables d'expliquer pourquoi tout le monde les hait, et pourquoi ils ressentent eux-mêmes une curieuse sensation d'obligation ou de culpabilité à l'égard des autres nations ; c'est comme s'ils méritaient cette attitude négative. Pourtant, les choses découlent des lois absolues et immuables de la Nature.

La haine du Juif ne dépend pas des nations du monde, mais uniquement du rôle du peuple d'Israël. Nous ne devons en aucun cas avoir confiance en un pays X pour nous aider ni espérer que l'attitude du monde à notre égard s'améliore. L'inverse serait plutôt vrai : les pays qui nous soutiennent actuellement connaîtront eux aussi un réveil de l'antisémitisme si nous n'accomplissons pas notre destin.

La montée de l'Islam

En plus de l'accroissement de l'antisémitisme, un phénomène supplémentaire se dévoile depuis peu qui nous touche de très près. La chrétienté cède sa domination à l'islam fondamentaliste. Ce processus est décrit dans le *Zohar* comme une partie des processus qui se produiront avec le retour d'Israël sur sa terre : « Dans le futur, les enfants d'Ismaël provoqueront une grande guerre dans le monde, les enfants d'Edom se joindront à eux et ils mèneront une guerre conjointe. » (*Zohar, VaEra*, point 203)

Avant d'examiner la montée de l'islam, comme tout autre processus dans le monde, il convient d'abord de savoir que tout ce qui se produit dans ce monde n'est que le résultat de l'équilibre des forces cachées dans la réalité. Prenons l'exemple de la force d'attraction : l'homme ne la sent pas, ne la voit pas, ni ne la ressent, mais il *peut* ressentir les conséquences de ses actions. Nous mesurons ses effets et apprenons comment la gérer.

De la même façon, il existe dans la réalité d'autres forces qui agissent sur la société humaine. Cependant, à la différence des forces agissant sur des degrés qui nous sont inférieurs (minéral, végétal, animal ou dans notre corps), les forces œuvrant sur la société humaine ne peuvent être clairement identifiées, ni leurs conséquences être précisément mesurées. En effet, pour connaître un phénomène en particulier, nous devons l'observer d'un angle supérieur. C'est pourquoi un enfant ne peut pas comprendre ce qu'est « être un enfant », et nous-mêmes ne pouvons pas comprendre, pour le moment, les forces agissant sur notre degré, le niveau humain.

Puisque la réalité s'avère être parfaite, nous comprenons qu'à chaque degré de la Nature œuvrent certaines forces ; elles agissent également au niveau humain, même si elles nous sont cachées. Ainsi, tous les phénomènes que nous voyons dans la société humaine, dans les relations personnelles et internationales, tous ne sont que les conséquences de l'action des forces de la Nature qui manipule la société humaine comme un berger conduit son troupeau.

Si nous voulons changer notre situation, nous devons comprendre ces forces et agir du lieu d'où elles proviennent. Le degré qui agit sur nous est un degré supérieur au niveau humain, c'est pourquoi il s'appelle le degré supérieur de la

Nature, ou le Monde supérieur.

Les kabbalistes, qui se trouvent au niveau supérieur de la Nature, décrivent cela comme suit : « Il n'est pas de brin d'herbe ici-bas qui n'ait un ange [force] là-haut qui le frappe et lui ordonne de croître. » (*Midrash Bereshit Raba*, 10,6) Autrement dit, aucune chose ne change dans notre monde si ce n'est par l'action de la force d'un degré supérieur, du Monde supérieur. Ainsi, pour comprendre les relations entre les différentes religions en général, et la montée de l'islam en particulier, il faut connaître la racine supérieure des religions, les « trois voies ».

L'évolution de l'homme pour s'équilibrer avec toute la Nature se fait par la combinaison de trois voies : la voie de droite, la voie de gauche et la voie médiane. Ce chemin emprunte de nombreux niveaux. À chaque degré, l'homme accumule de l'ego de la voie de gauche, puis il acquiert la force d'équilibre altruiste de la voie de droite pour corriger son ego. Le travail de l'homme consiste à construire de lui-même la voie médiane en combinant la voie de gauche à la voie de droite ; autrement dit, il doit apprendre à se servir de son ego de façon altruiste.

En parallèle à ces trois voies existe une structure pour qu'elles puissent subsister, telle la peau d'un fruit qui le protège, d'où le nom de ce système, les *Klipot* (lire : peau, écorce), dont le rôle est de garantir le fonctionnement des voies. Les conséquences de l'agissement des forces de gauche et de droite dans la société humaine sont d'une part le christianisme (gauche), et, d'autre part, l'islam (droite).

Les voies de gauche et de droite aident Israël à avancer

tout droit et à progresser par la voie médiane en vue de la réalisation du Plan de la Nature. À l'époque de l'exil, la principale force qui agissait sur Israël était la voie de gauche, alors que pour les temps de la réparation finale de l'égoïsme humain, la voie de droite s'active de plus en plus.

Lors de l'exil, le développement des nations s'est caractérisé par l'intensification de l'égoïsme. Cependant, la *Klipa* de gauche (singulier de *Klipot*) était la force dominante qui permit la stabilisation du peuple d'Israël et sa différenciation vis-à-vis des autres nations du monde. Elle le fit par l'entremise de la haine, c'est-à-dire par antisémitisme. En agissant de la sorte, le peuple d'Israël ne put s'assimiler aux nations du monde lors des siècles d'exil. Cependant, depuis la fin de l'exil, elle n'est plus nécessaire. Actuellement, la *Klipa* de droite (la force qui s'oppose à l'équilibre) doit se réveiller et pousser le peuple d'Israël à acquérir les véritables attributs altruistes.

Les forces internes de la Nature activent tout ce qui existe dans la société humaine (les peuples, les États, etc.) C'est la raison pour laquelle à l'époque de l'exil d'Israël, la *Klipa* de gauche contrôlait le monde entier. Le christianisme supplanta Athènes et Rome (qui n'étaient ni des religions ni des *Klipot*), s'imposa au monde entier, et réprima toute autre méthode. Avec la venue des temps pour Israël de se corriger et d'affirmer la suprématie de l'altruisme sur l'ego, la domination de la force de la *Klipa* de droite est apparue, ce qui se traduit dans la réalité quotidienne par l'intensification de la force de l'islam dans le monde, au détriment du christianisme.

Lorsque les enfants d'Israël commenceront à affronter

ces deux *Klipot* et à s'équilibrer par la voie médiane, ils verront la *Klipa* de la voie médiane. Elle réside en eux, dans leur propre religion, et ils devront la distinguer, la séparer et l'éliminer de la surface de la Terre.

Nous devons savoir que toutes les guerres décrites par les kabbalistes peuvent se décider à un niveau supérieur, à notre niveau socio-humain. Cela signifie qu'au niveau de nos désirs, si nous les vainquons – si nous parvenons à appliquer la méthode de réparation et à nous servir de l'ego avec altruisme –, nous construirons la voie médiane. Ainsi, les guerres physiques n'auront pas lieu d'être.

Il faut garder à l'esprit que c'est l'équilibre ou le déséquilibre entre nous et la Nature qui fixe l'image de la réalité matérielle extérieure, l'intensité de la souffrance ou du bonheur de vivre. La clef du changement est entre nos mains, car le seul élément actif dans la réalité, en bien ou en mal, c'est le peuple d'Israël.

Intériorité et extériorité

« Sachez que toute chose a son intériorité et son extériorité. Israël, les descendants d'Abraham, Isaac et Jacob sont en général considérés comme l'intériorité du monde, et les soixante-dix nations sont considérées comme l'extériorité du monde. »
Baal HaSoulam, *Introduction au livre du Zohar* (point 65)

Par analogie, le peuple d'Israël représente les organes vitaux dans le corps général de l'humanité : le cerveau, le cœur, le foie, les poumons et les reins, qui activent tout le reste du corps. Tant que ces organes ne fonctionneront pas correctement, le corps entier sera malade et souffrira. De là, le traitement de l'égoïsme humain dépend du succès de la guérison du peuple d'Israël. Le reste du corps guérira alors doucement et facilement.

Puisque le plan de la Nature a placé le peuple d'Israël comme responsable de la situation mondiale, nous sommes donc considérés comme l'intériorité du monde, alors que les autres nations sont considérées comme l'extériorité du monde. En fait, toute recherche entreprise sur la Nature révèlera qu'il existe une partie intrinsèque et une partie extrinsèque. Toute partie intrinsèque se nomme « Israël », et toute partie extrinsèque, « les nations du monde ». Par exemple, toute personne qui aspire à corriger son ego découvrira qu'elle est composée de deux sortes de désirs : « Israël », un désir de s'équilibrer avec la Nature altruiste ; et « les nations du monde », tous les autres désirs égoïstes en elle.

Le parfait équilibre avec la Nature ne sera atteint que lorsque tous les désirs égoïstes de l'homme s'équilibreront avec la Nature altruiste. Il est évident que dans le monde les choses fonctionnent de façon identique : ce n'est que lorsque tous les individus se corrigeront que nous parviendrons à la réparation finale de l'égoïsme humain. Il se trouve que la correction d'un homme composant Israël influence de façon décisive le processus qui découle de l'aménagement du Plan de la Nature.

Lorsqu'un individu d'Israël accroît son intériorité (son désir altruiste) vis-à-vis de son extériorité (son désir égoïste), il renforce la force de l'intériorité chez les autres individus d'Israël et parmi les autres nations. Il en résulte que le peuple d'Israël se rapproche de l'accomplissement de sa mission et les nations du monde veulent l'aider et s'en rapprocher.

En revanche, dans le cas contraire, c'est-à-dire quand un individu d'Israël accroît sa partie extrinsèque égoïste au détriment de son intériorité altruiste, il augmente également la valeur de l'extériorité sur l'intériorité à de nombreux niveaux. Il s'ensuit que le peuple d'Israël s'éloigne de la réalisation de son devoir et les nations du monde le dominent et l'avilissent.

Cette perception qui place tout individu d'Israël comme concepteur des relations dans toutes les réalités s'exprime dans ces propos du Baal HaSoulam : « Et ne vous étonnez pas qu'un individu puisse par ses actes élever ou abaisser tout le monde [...] En outre, ce sont les particuliers qui font et déterminent tout ce qui agit dans le général. » (*Introduction au Livre du Zohar*, point 68)

Dans son livre, le Rav Kook énonce une idée similaire : « La puissance de la valeur du désir humain et son degré sont cruciaux dans la réalité, ils se révèleront bientôt au monde grâce aux secrets de la Torah [Kabbale]. Cette découverte sera la couronne de toute la science. » (*Orot HaKodesh* – les lumières de sainteté)

C'est pourquoi, bien que les enfants d'Israël soient peu nombreux, ils disposent d'une force et d'une puissance nécessaires pour réaliser la correction demandée par le monde entier. Le réveil des autres nations en vue de la réparation dépend entièrement du réveil et de la préférence d'un individu d'Israël pour l'intériorité ; de sa préférence pour « Israël » en lui sur les « nations du monde » en lui.

Il s'avère donc que c'est le peuple d'Israël qui détermine ses relations avec les nations du monde. Celles-ci nous marchent dessus, car nous les rendons fortes. En élevant dans nos attributs l'importance de la partie égoïste au détriment de la partie altruiste, nous provoquons également la domination des peuples du monde dans la matérialité. Tout dépend des préférences octroyées à notre intériorité et à notre extériorité. C'est ce qui détermine notre avenir et celui du monde.

Si nous parvenions à nous élever ne serait-ce que d'un millimètre pour atteindre l'équilibre avec la Nature altruiste, nos ennemis cesseraient de nous combattre. Un millimètre de plus et les détracteurs d'Israël deviendraient nos amis. Tout ceci ne dépend pas d'eux : nous les activons ! Si nous atteignions ce point intérieur, nos ennemis auraient immédiatement des pensées et des sentiments différents à notre égard, comme si le passé n'avait jamais existé. Ils commenceraient à ressentir qu'avec notre aide, ils pourraient connaître la perfection et l'éternité.

Si nous dénigrons l'intériorité, alors l'humanité nous méprise, et inversement. Mais si nous exaltions l'importance de la réalisation du but de la Nature, l'humanité nous regarderait alors comme les détenteurs de la méthode conduisant au bonheur. Telle est la loi immuable de l'intériorité et de l'extériorité.

La guerre de Gog et Magog

Le combat entre l'intériorité et l'extériorité s'appelle « la guerre de Gog et Magog ». Elle a lieu au sein du peuple d'Israël et ses conséquences déterminent le destin du monde entier. Si nous triomphons, nous éviterons les horribles descriptions de la guerre de Gog et Magog – une guerre totale et apocalyptique.

La guerre de Gog et Magog est une guerre entre l'intériorité et l'extériorité de nos désirs. Elle se déroule dans nos cœurs et dans nos esprits. Lors de la lutte, elle nous offre un choix : dépendre de laquelle ? Préférons-nous l'intériorité du monde ou son extériorité ? Où sont entraînés nos désirs, nos esprits et nos cœurs ? Telle est la guerre. Le but de ce livre est de faire prendre conscience à toute personne d'Israël que son intériorité détermine tout ce qui se produit dans le monde entier.

Pour remporter cette guerre, nous avons besoin d'un moyen qui encouragera l'importance de l'intériorité dans nos cœurs. C'est à cette fin que la sagesse de la Kabbale se dévoile de nos jours. Tout au long de l'exil, qui était spirituel et physique, nous n'étions pas en contact avec cette sagesse. Alors qu'un petit nombre seulement corrigèrent leur ego et perçurent toute la Nature en se servant de cette sagesse, le reste de la nation en fut totalement détaché. Il ne subsista que des symboles extérieurs des traditions d'Israël.

Il faut savoir que la méthode de correction de l'ego que Moïse donna à Israël – la Torah (le Pentateuque) – a été écrite dans le langage des branches. Elle utilise des termes physiques (branches) pour désigner un élément spirituel (racines). Les kabbalistes sont des personnes qui perçoivent la Nature générale et vivent simultanément dans deux mondes, le matériel et le spirituel, et qui savent déchiffrer le langage des branches. Ils identifient vers quelle racine spirituelle pointe la branche matérielle. C'est pourquoi ils voient la Torah comme des instructions de travail intérieur en trois voies, pour corriger l'ego.

Or, les gens ne voient dans le langage des branches rien de plus qu'une description matérielle, ils ne voient que l'extériorité de la Torah, et ils ne s'imaginent pas qu'il puisse exister une partie intrinsèque cachée. C'est la raison pour laquelle au cours de l'exil les gens considéraient la Torah comme quelque chose d'extérieur, un livre d'histoire ou un code de lois, par exemple.

Ce phénomène se nomme la « matérialisation des choses ». Il découle de la coupure du peuple d'Israël d'avec le monde spirituel pendant des milliers d'années. Jusqu'à présent, les kabbalistes s'étaient tus, mais avec le retour sur la terre d'Israël, symbolisant la fin de l'exil, ils sortent de leur silence et appellent le peuple à revenir en Israël et à réapprendre la sagesse de la Kabbale ; ils les invitent ainsi à connaître le sens de la vie, lequel a été oublié depuis la destruction du second Temple.

La particularité de la sagesse de la Kabbale est qu'elle ne permet pas à l'homme de matérialiser les choses, parce que son langage n'est pas la langue des branches codée, mais la langue des « mondes et des Sefirot ». Elle décrit en détail toutes les composantes de l'ego et toutes les étapes de la réparation en se servant de graphiques, de tableaux et de calculs.

La Kabbale conduit l'homme pas à pas dans les phases de correction de l'ego et lui montre ce qu'il doit réaliser à chaque étape et comment y parvenir. Elle ne laisse aucune place à l'imagination ni à une meilleure vie sans corriger son ego. En fait, elle lui indique que la correction se fait par un travail intérieur de réflexions.

C'est pourquoi les kabbalistes ont expliqué que le retour à l'équilibre avec la Nature ne se fera que par la sagesse de la Kabbale, et par sa diffusion tous azimuts. Ils savaient que c'était le seul moyen pour le peuple d'Israël de se rapprocher de la délivrance de tous leurs tourments : « La délivrance [...] est le but suprême et entier de perception et de connaissance. » (*Introduction à l'Arbre de Vie*, Baal HaSoulam)

Le GRA (Gaon de Vilna) a écrit : « La délivrance dépend essentiellement de l'étude de la Kabbale. » (*Even Shlomo*, chapitre 11, point 3) Le Rav Kook l'a expliqué de façon identique : « Les grandes questions spirituelles ont été résolues dans le passé par de grands érudits qui en étaient dignes, elles doivent désormais être résolues à différents degrés, par toute la nation. » (*Eder haYekar Ve Ikvey HaTzon*) De même, le Baal HaSoulam avance « que seule la diffusion de la sagesse de la Kabbale aux masses permettra la délivrance totale. » (*Introduction à l'Arbre de Vie*) Il ajoute « qu'il nous incombe d'écrire des livres pour accélérer la diffusion de la sagesse au sein de la nation ».

À ce propos, des différends ont émergé entre kabbalistes. Tous les dirigeants de la communauté religieuse n'ont pas œuvré en ce sens, et une partie s'y opposa en essayant d'empêcher la diffusion de la Kabbale. En fait, ce phénomène découle de l'exil spirituel de la nation : à la dernière étape de l'exil, la plus basse spirituellement, des personnes sans perception spirituelle sont devenues les dirigeants de leur communauté.

L'exemple le plus frappant de cette guerre est celui du traitement reçu par Baal HaSoulam lorsqu'il commença à diffuser la Kabbale parmi les masses. Sa mission était claire : « J'ai grand besoin de briser le mur de fer qui, depuis la destruction du Temple jusqu'à cette génération, nous a séparés de la sagesse de la Kabbale. Il repose lourdement sur nous et suscite la peur d'être oublié d'Israël. » (*Introduction au Talmud des dix Sefirot*, point 1)

En 1933, dans le but d'éviter la Shoah qui approchait, le Baal HaSoulam publia une série d'articles. Dans le premier, il déclara « qu'il y en aurait cinquante ». Le titre du premier essai, Le *Temps d'agir*, indique clairement les intentions de l'auteur. Deux semaines plus tard, le second article fut publié – *HaArvout (La Garantie mutuelle)* –, puis le troisième et dernier, *La Paix*.

L'intention du Baal HaSoulam de diffuser la sagesse de la Kabbale aux masses n'était pas du goût de certains dirigeants et ces derniers mirent un terme à la publication de ces articles pour empêcher sa diffusion. Le Baal HaSoulam n'est pas le premier kabbaliste à avoir reçu ce « traitement ». Le Ramchal, par exemple, qui tenta de réveiller le peuple avant la fin de l'exil pour accélérer sa délivrance, dut faire face à une même hostilité.

Dans l'essai *Les Portes du Ramchal* (débat, page 97), il écrit : « Rashbi (Rabbi Shimon Bar-Yochaï) a bondi à ce propos et appelle toute personne versée dans la Torah littérale des dormeurs [...] C'est le fruit de l'exil, de nos nombreuses fautes, qu'Israël a oublié ce chemin et reste endormi, immergé dans sa léthargie et ne prêtant pas attention à cela [...] nous nous trouvons dans l'obscurité tels des morts vivants, comme des aveugles tâtonnant les murs. »

Cette guerre de la diffusion de la méthode de correction parmi les masses est en réalité la guerre la plus importante. Ses conséquences sont particulièrement graves, car le retard de sa diffusion fait que l'intériorité ne pourra pas prendre le pas sur l'extériorité, ni chez une personne, ni au sein du peuple d'Israël, ni dans le monde entier. Il s'avère que c'est l'équilibre des forces qui fixe l'avenir du monde dans lequel nous vivrons.

C'est pourquoi il a déjà été écrit dans le *Zohar* « Malheur à tous ces gens [...] qui tarissent la Torah, c'est-à-dire sans la moindre étincelle d'esprit et de connaissance [...] et qui n'essayent pas de comprendre la sagesse de la Kabbale [...] Malheur à eux, car en agissant de la sorte, ils provoquent la pauvreté, la ruine, la violence, le vol, les meurtres et l'extermination dans le monde. » (*Zohar, Tikkounim, Tikkoun* 30)

Rabbi Haim Vital, élève et scribe du Ari, le déplore dans son Introduction au livre du Ari, *l'Arbre de Vie* : « Malheur à ceux qui offensent la Torah, car sans aucun doute, s'ils ne l'étudient que dans son sens littéral et dans ses histoires, elle se revêt de ses habits de deuil et porte en guise de robe un sac, et toutes les nations diront à Israël : Qu'aimez-vous de plus que ce que nous aimons ? Qu'a votre Torah de plus que la nôtre ? Votre Torah comporte également des histoires futiles, il n'existe pas de plus grand affront à la Torah. En n'étudiant pas la sagesse de la Kabbale, qui honore la Torah, ils prolongent l'exil et toutes les misères qui se produisent dans le monde. »

Après la Shoah, de 1945 jusqu'à la fin de ses jours, le Baal HaSoulam a travaillé à la publication de son commentaire sur le *Zohar*. Dans son Introduction au commentaire, il explique une fois de plus l'urgente nécessité de commencer à appliquer la méthode de correction : « Maintenant, il nous appartient à nous, les survivants, de corriger cette terrible injustice [...] Ainsi, chacun d'entre nous pourra élever l'intensité de son intériorité [...] Cette force parviendra également à tout Israël [...] et l'intériorité des nations du monde, qui sont les justes des nations du monde, surmonteront et feront plier leur extériorité, qui sont les destructeurs. L'intériorité du monde, soit Israël, s'élèvera dans toute son excellence et tout son mérite sur l'extériorité du monde, soit les nations. Alors, toutes les Nations du monde admettront et connaîtront le mérite d'Israël. »

L'avenir du monde est entre nos mains

D'après ce qui vient d'être dit dans cette partie du livre, il apparaît que la solution à la crise générale dépend précisément de nous, de chacun des membres de la nation d'Israël, non pas de ses dirigeants, mais bien de ses individus.

En fait, chaque seconde non passée à accomplir notre devoir nous coûte un lourd tribut. C'est une mission à laquelle nous ne pouvons pas échapper, que nous ne pouvons pas refuser ni ignorer. Cela ressemble à l'histoire biblique du prophète Jonas, qui fut envoyé avertir les habitants de Ninive du danger d'extermination qui pesait contre eux. Il tenta par différents moyens d'échapper à sa mission, mais à la fin, il dut l'accomplir.

L'histoire de Jonas est de nos jours, une allégorie connue de tous, c'est pourquoi les kabbalistes ont exigé qu'elle soit lue au peuple chaque année à *Yom Kippour* (le Jour du Pardon), jour d'examen de conscience, pour nous rappeler notre devoir. Nous voulons nous aussi fuir à l'étranger, mais cela ne nous exemptera pas de la responsabilité qui nous incombe.

Tels les marins qui ont pressenti que Jonas était responsable de la tempête qui les menaçait de naufrage et le jetèrent de ce fait à la mer, il en est de même actuellement pour nous : les nations du monde pressentent que nous sommes responsables des malheurs dans le monde et leur pression sur nous ne fait que s'accroître. La sombre réalité quotidienne pourrait bien être le début de ce qui nous attend.

Nous nous sommes construit en Israël une sorte de cocon artificiel dans lequel nous menons une existence routinière. Certains croient que nous réussirons à venir à bout de nos voisins par la force militaire et d'autres pensent que des accords de paix doivent être trouvés. D'une façon ou d'une autre, l'impression générale est que « tout ira bien ». Nous ne sentons pas qu'une calamité est sur le point de s'abattre sur nous, et nous continuons notre train-train quotidien.

Pour le moment, nous avons reçu l'opportunité de vivre sur notre terre, bien que selon le Plan de la Nature nous soyons en retard. Cette situation est semblable à celle datant d'avant la destruction du Second Temple. Soixante-dix ans avant sa destruction, les signes annonciateurs étaient apparus. Le peuple était tombé aux plus bas degrés de matérialité : la haine gratuite. Malgré cela, le Temple subsista un certain temps et le peuple d'Israël ne fut pas encore exilé. Cependant, au niveau des forces, la destruction s'était déjà produite, elle ne s'était tout simplement pas encore matérialisée, et elle fut « en sursis » des dizaines d'années. Aujourd'hui, également, le retard s'est accumulé dans la réalisation de la correction.

La méthode de réparation de l'ego est notre bouée de sauvetage personnelle et mondiale, en tant qu'être humain et en tant qu'humanité. Si nous ne la saisissons pas, nous souffrirons davantage, car nous violons les lois de toute la Nature. La preuve en est qu'à chaque tentative de trouver un remède à un problème, immédiatement une nouvelle souffrance voit le jour. Cependant, nous disposons encore de la possibilité de changer de direction.

Dès l'instant où un certain nombre de personnes commenceront à changer de direction en réalisant notre devoir, immédiatement l'équilibre des forces de la Nature changera. Le commencement de la mise en œuvre de la méthode de réparation de l'ego engendrera des changements immédiats dans tout le monde. Ce n'est pas surprenant si le monde entier pense que les Juifs « manipulent » le monde et qu'ils détiennent quelque chose de secret refusant de le dévoiler à tous. Les gens sentent cela inconsciemment et c'est vrai. En effet, nos pensées égoïstes influencent le monde en mal, et si nous le voulions, nous pourrions changer la face du monde en un éclair, à l'aide de pensées altruistes.

Nous sommes les élus parce qu'en nous existent les forces de la pensée et la volonté, leur utilisation adéquate changerait immédiatement toute la réalité. C'est la force générale de notre pensée qui nous changera. Il convient de l'admettre et « de rendre le monde entier méritant. » (Talmud de Babylone, *Kidoushin*, 40,2)

De nos jours, nous recommandons à toute personne de prendre connaissance des principes de la méthode de correction et d'essayer de les appliquer, ainsi que de les transmettre à d'autres. Lorsque nous lisons des livres qui abordent la méthode de correction, ou du matériel identique sur Internet, ou une vidéo, ou encore un DVD, cela renforce notre intériorité. Ce désir intensifiera la sensation que notre avenir, notre bonheur et celui de nos proches, dépend uniquement d'un équilibre avec la Nature altruiste ; c'est pourquoi nous y aspirerons. En agissant de la sorte, nous changerons immédiatement le cours de nos vies.

Pour conclure, il nous appartient de prendre conscience de notre particularité en tant que peuple : tout ce qui nous arrive est de notre faute. Il n'y a personne à blâmer, personne ne détermine quoi que ce soit pour nous, et il n'y a pas d'autre pays dans le monde qui peut fixer de lui-même ce qui lui arrive.

Il paraît difficile d'accepter une telle réalité et d'agir en ce sens, mais tout est entre nos mains et ne dépend que de nous. Nous sommes les seuls à décider de notre destin et de celui du monde entier.

RÉFÉRENCES

1 Organisation mondiale de la Santé (OMS), santé mentale, dépression, http ://www.who.int/mental_health/management/depression/definition/en/index.html.

   En anglais OMS : http ://www.who.int/whr/2001/media_centre/fr/index.html.Les données sont extraites du site Internet de l'OMS ainsi que du site Web du ministère de la Santé Israélien : http ://www.health.gov.il/download/mental/annual2003/p2-12.pdf.

2 OMS, Santé mentale, taux de suicide pour 100 000 habitants par pays, année et sexe. http ://www.who.int/mental_health/prevention/suicide//en/Figures_web0604_table.pdf

3 Dr Dalia Gilboa, présidente du comité interministériel pour la prévention du suicide chez les jeunes. http ://www.health.gov.il/pages/default.asp.

4 Bureau National de lutte contre la drogue de la Maison-Blanche (ONDCP), Agence d'Information de la Police des stupéfiants, mars 2003.

5 Publication du 27 juin 2006 http ://www.ynet.co.il/

articles/0,7340,L-3267779,00.html. Le rapport complet est disponible sur le site Internet des Nations Unies, http ://www.unodc.org/unodc/en/world_drug_report_index.html

[6] Données prises de http ://www.divorcemag.com/statistics/statsWorld.shtml

[7] Publié dans le journal Yedihot Aharonot, le 14 mai 2006.

[8] Le kabbaliste Rabbi Yéhouda Ashlag (1884-1954) connu comme le Baal HaSoulam (le Maître de l'Échelle) pour son commentaire sur le *Zohar* intitulé le commentaire du *Soulam* (de l'Échelle). Le Baal HaSoulam est considéré comme le successeur du Rabbi Issac Louria (le Ari). Sa méthode est unique et permet à toute personne d'intérioriser les origines de la véritable connaissance kabbalistique, héritée des précédents kabbalistes.

[9] Baal HaSoulam, *Préface à la sagesse de la Kabbale*, point 1

[10] Talmud de Babylone, Baba Kama, 45, 72.

[11] Publié en juin 2006 dans le magazine Science. La recherche fut dirigée par le lauréat du prix Nobel d'économie 2002, Daniel Kahneman.

[12] Baal HaSoulam, Talmud des dix Sefirot, Première partie.

[13] Pour plus d'informations, lisez le livre de Nedelcus et Michod, *L'origine de l'évolution d'un gène altruiste*, publié en mai 2006 dans le Journal de Biologie moléculaire et d'Évolution.

14 Du point de vue biologique, l'altruisme est normalement défini comme un comportement qui est favorable à autrui, en apparence au détriment de sa propre capacité à survivre et à se reproduire. Plusieurs théories ont été émises pour expliquer pourquoi les animaux agissaient de la sorte et nous citons brièvement les plus révélatrices. La théorie de la « sélection de groupe » affirme que l'altruisme sert le bien du groupe auquel un animal appartient, cependant chaque animal en bénéficie également. La théorie de la « sélection parentale » explique que si l'altruisme est dirigé vers un proche, qui dispose de gènes similaires, il contribue indirectement à la survie de son propre gène. La « théorie de la symbiose » affirme que le comportement altruiste est basé sur un animal particulier qui est récompensé, d'une certaine manière, pour ses actions. Le « principe du handicap » définit l'altruisme comme une façon pour un élément particulier d'exprimer sa singularité et ses qualités.

15 Frans B. M de Waal, « Bon de nature : Les origines du bien et du mal chez les humains et les autres animaux », 1996, Cambridge : Presse Universitaire d'Harvard.

16 Pr Théodore C. Bergstrom, « L'évolution du comportement social. Les modes de sélection de l'individu et du groupe », Journal des perspectives économiques. Volume 16, numéro 2, printemps 2002, p. 67.

17 Toutes les références au *Livre du Zohar*, de Yéhouda Ashlag et de son *commentaire du Soulam du Zohar*.

18 « Le polymorphisme dopaminergique associé avec un auto-rapport sur les mesures de l'altruisme humain. Un

nouveau phénotype pour le récepteur de dopamine D4 »,
Psychiatrie moléculaire, avril 2005, 10(4), pp. 333-335.

[19] Note de l'éditeur ; la perception de la réalité est abordée plus longuement dans un autre livre de l'auteur, La Kabbale, la Science et le sens de la vie. (En anglais et hébreu uniquement)

[20] À cet égard, il est conseillé de lire les descriptions de ce procédé de Maïmonide dans « La Main puissante », les lois de l'idolâtrie, chapitre 1, point 3.

[21] A. Nebel, D. Filon, B. Brinkmann, PP. Majumder, M. Faerman, A. Oppenheim ; le chromosome Y le consortium des Juifs comme partie du paysage génétique du Moyen-Orient. Le Journal américain des génétiques humaines, 2001, 1095-112 : (5), p. 69.

[22] http ://www.makorrishon.net/show.asp ?id=14018

[23] http ://www.nrg.co.il/online/11/ART1/486/489.html

[24] Note de l'éditeur : la réalisation pratique des principes tels qu'ils sont présentés dans les écrits du Baal HaSoulam, est expliquée dans le livre du Rav Laitman, La *Dernière génération*.

[25] http ://www.nfc :co :il/NewsPrintVersion. asp ?docId=33202&subjectID=1

À PROPOS DE BNEI BARUCH

Bnei Baruch est une organisation à but non lucratif qui enseigne la sagesse de la Kabbale pour accélérer la spiritualité de l'humanité. Le Kabbaliste Rav Dr Michael Laitman, qui a été le disciple et l'assistant personnel du Rav Baruch Ashlag, le fils du Rav Yéhouda Ashlag (auteur du commentaire *Soulam* du *livre du Zohar*), suit les traces de son guide en menant le groupe vers sa mission.

La méthode scientifique du Dr Laitman offre aux personnes de toutes croyances, religions et cultures des outils précis nécessaires à l'embarquement sur un chemin captivant de la découverte de soi et d'ascension spirituelle. L'accent étant mis principalement sur les processus internes que les individus suivent à leur propre rythme, Bnei Baruch accueille des personnes de tous âges et styles de vie à s'engager dans ce processus gratifiant.

Au cours des dernières années, une recherche massive, dans le monde entier, pour répondre aux questions de la vie s'est mise en marche. La société a perdu sa capacité à voir la réalité pour ce qu'elle est et à sa place superficielle et souvent, des concepts trompeurs sont apparus. Bnei Baruch tend la main à tous ceux qui cherchent la conscience au-delà de la norme, les gens qui cherchent à comprendre notre véritable but d'être ici.

Bnei Baruch offre des conseils pratiques et une méthode fiable pour comprendre les phénomènes du monde. La méthode d'enseignement authentique, conçue par le Rav Yéhouda Ashlag, permet non seulement de surmonter les épreuves et les obstacles de la vie quotidienne, mais inaugure un processus dans lequel les individus se prolongent eux-mêmes au-delà de leurs limites actuelles.

Le Rav Yéhouda Ashlag a laissé une méthode d'étude pour cette génération, qui forme essentiellement des individus à se comporter comme s'ils avaient déjà atteint la perfection des Mondes Supérieurs, ici dans notre monde. Selon les mots du Rav Yéhouda Ashlag, « cette méthode est un moyen pratique pour atteindre les Mondes Supérieurs, la source de notre existence, tout en vivant dans ce monde ».

Un Kabbaliste est un chercheur qui étudie sa propre nature en utilisant cette méthode précise éprouvée par le temps. Grâce à cette méthode, chacun atteint la perfection et le contrôle sur sa vie, et accomplit le vrai but de la vie. Tout comme une personne ne peut pas fonctionner correctement dans ce monde sans avoir connaissance de celle-ci, l'âme ne peut pas fonctionner correctement dans les Mondes Supérieurs sans connaissance de celle-ci. La sagesse de Kabbale fournit cette connaissance.

CONTACTS

Bnei Baruch - Institut de recherche et d'étude de la Kabbale
www.kabbalah.info/fr

Kabbalah TV
www.kab.tv/fre

Librairie
www.kabbalahbooks.info
www.kabbalahbooks.info/kabbalah-books-french-s/36.htm

Le blog personnel de Michaël Laitman
www.laitman.fr

Centre d'Éducation de la Kabbale (en anglais)
edu.kabbalah.info

E-mail
groupefrancophonebb@gmail.com
info@kabbalah.info

Bnei Baruch Association
PO BOX 3228
Petach Tikva 49513
Israël
Tel : +972 3 922 6723

Kabbalah Books
1057 Steeles Avenue West, Suite 532
Toronto, ON, M2R 3X1
Canada
E-mail : info@kabbalahbooks.info
Site web : www.kabbalahbooks.info
Tel : +1 416 274 7287